KB218021

도넛 굽는 목사

손 경 희 지음

도넛굽는목사

21세기 목회의 새로운 패러다임

가나북스

시작하는 글

목회 현장에서 치른
혹독한 시행착오와 깨달음의 기록

"목사님은 코로나가 와도 큰 걱정이 없으시지요?"

세계적인 팬데믹으로 심리적 불안과 실업률이 증가하는 시기라 그런지, 내가 목회와 자영업을 병립하고 있다는 사실을 아는 이들이 내게 인사처럼 던지는 질문이다.

물론 코로나의 여파가 나만 피해갈 리는 없다. 그러나 시시각각 들려오는 확진자 증가 소식 안에는 국가적 경제 위축과 더불어 미자립 교회들의 특수상황이 고스란히 노출되었다. 방역 규칙을 철저하게 준수하지 못한 몇몇 교회들의 불찰로 세상의 이목이 집중되면서 교회와 목회자들이 자성의 시간을 가져야 했다.

팬데믹이 자기 신앙 점검과 현 한국 교회의 면면에 분명한 자극과 변화 모색의 계기가 된 건 사실이나, 여타 이유를 떠나 당장 생계가 불투명한 목회자 가정이 속출하고 있는 건 가슴 아픈 일이다. 코로나가 아니더라도 이런저런 이유로 최근 들어 목회자의 이중직 필요에 대한 갈증이 커질 수밖에 없다.

나는 미국에서 목사 안수를 받았다. 부교역자로 사역하며 미국 현지인이 운영하던 도넛가게를 인수해 이미 이중직 목회자의 삶을 살아보았다. 뜻이 있어 미국에서의 안정적인 삶을 모두 내려놓고 한국으로 돌아온 나는 개척교회 목사로서 감히 말로 쉽게 풀어내기 어려운 '혹독한' 목회 신고식을 치렀다. 특히 교회 건축과정에서 발생한 파산과 그에 따른 재정적 어려움을 극복하기 위해 다시 도넛가게를 시작했고, 지금은 어느 정도 안정권에 들어서 있다.

죽을 것 같던 그 과정을 지나는 동안 나는 평생 한 번 겪을까 말까 한 극단의 경험을 짬짬이 기록해두었다. 가장 큰 이유는 내가 모아둔 자료가 혹여 목회로 힘들어하는 분들, 그리고 교회 개척을 준비하거나 이중직 목회를 고민하는 동료 목회자에게 작은 도움이라도 될까 해서다. 아울러 속 시원히 털어놓을 곳이 없던 내게 기록은 하나님께 드리는 기도 시간 외의 유일한 피난처가 되어 주었다. 그러나 마음뿐, 지금까지 컴퓨터 속에 저장된 파일에 마이크를 댈 일이 없었다.

내가 노트북을 열어 저장해둔 원고를 다시 들추게 된 건 올해 2020년 초에 불어 닥친 코로나19 펜데믹이 장기화되면서부터다. 불황을 입버릇처럼 떠들던 경기침체의 분위기는 삶의 전 영역으로 퍼져나갔다. 그 직격탄은 목회현장에 가장 직접적이고도 날카로운 상처를 남겼다. 어느새 동료 목회자들 사이에서도 자비량 목회 차원의 다른 직업이 필요하다는 얘기가 거론되고 있다. 그래서 그동안 감히 말하지 못하고 벽장에 가둬뒀던 이 문제를 내가 경험해온 이야기와 함께 풀어내려 한다.

나는 책을 통해 크게 4가지 측면을 함께 나누고 싶다.

첫째, 하나님이 우리 모두에게 한 가지 이상의 가슴 떨리는 재능을 주셨는데, 왜 그것이 목회자에게만 직업이 되지 못하고 제약이 되는가 하는 점이다. 미국에서 처음 접하게 된 도넛가게 운영이 현재 내 삶에 가장 확실한 돌파구가 된 걸 볼 때, 일이 주는 기쁨과 일의 신성함을 쉽게 간과해서는 안 될 일이다.

둘째, 우리가 추구해야 할 선교 방향이나 목회 내용이 이제는 보이는 교회 건물의 위용과 늘어난 성도 숫자의 부흥에 갇혀있을 수 없다는 점이다. 신앙은 하나님의 말씀을 삶에서 살아내는 것이다. 외적 부흥을 곧 성공이라고 생각했던 우리의 신앙을 이쯤에서 재정립할 때가 되었다고 본다.

셋째, 목회자들이 현장 사역을 병행할 때 거둘 수 있는 성도들과의 '이인삼각(二人三脚)' 신앙효과는 생각 이상으로 크다는 점이다. 목회자와 성도는 하나님 앞에서 다 같은 자녀이며, 교회는 세상과 분리된 공간이 아니다. 일터에서 맺는 관계는 생생한 사역의 현장이 된다. 성도의 예배 생활과 삶을 정밀하게 이해할 수 있는 목회자가 얼마나 될까. 진짜 위로와 격려는 같은 처지에 있을 때 더 강력하기에, 이제는 이중직 복회자들을 향한 목회 패러다임의 재고가 필요하다.

마지막으로 고난을 통과하는 그리스도인이 가져야 할 삶의 자세와 함께 고난이 그리스도인에게 주는 참된 열매를 고백하고 싶어서이다. 하나님의 일을 한다며 시작한 교회 건축으로 나는 끝 모를 바닥에 내동댕이쳐졌다. 하나님의 일이라고 믿었던 사역에 내 계획을 관철하고 싶은 욕심이 더 앞서 있었다는 것을 뒤늦게야 깨달았다. 그러나 하나님은 한순간도 나와 다른 곳에 계신 적이 없었다. 무엇보다도 교회 건축 실패의 과정에서 사람의 내면을 파악할 수 있는 눈을 새롭게 주시며, 오직 하나님 한 분만 붙드는 힘을 주셨다. 확실한 실패를 통해 하나님의 살아계심과 은혜가 선명해졌다.

이 책은 나를 빚어 오신 하나님의 은혜가 맺은 결실이다. 교회와 목회를 둘러싸고 치열하게 고민하면서 시행착오를 겪었던 나의 삶이 오롯이 포함돼 있다. 바라기는 책의 어느 한 갈피에서나마 생활적인 부분을 고민하며 그 답을 찾기 위해 몸부림치는 동료 목회자들과 평신도 사역자들에게 희미한 등불이나마 되어주면 좋겠다. 하나님의 일과 세상의 일을 분리하는 교회의 신앙적 편견을 지울 수 있으면 더 바랄 게 없다.

이 땅을 살아가는 크리스천들이 기독교가 추구하고 있는 핵심가치가 무엇인지 이해를 넓혀가길 희망한다. 그래서 종교의

틀이라는 감옥에 갇혀있기보다는 믿음의 자유 안에서 예수 그리스도와의 친분을 더 돈독히 쌓아가길 바라는 마음 간절하다.

오늘이 있기까지 하나님의 사랑과 인도하심으로 돕는 분들을 허락해 주신 은혜에 감사드립니다. 특별히 내가 목회의 길을 걷는 데 롤 모델이 되어주신 박성웅 목사님과 최철광 교수님, 정태회 목사님께 감사드립니다. 책이 나오기까지 아낌없는 지도와 성원을 보내주신 '북코칭 교실'의 봉은희 교수님과 동료분들께 고마운 마음을 전합니다.

그동안 두 차례의 교회 이전을 포함, 어려운 시간 속에서도 교회를 떠나지 않고 이 부족한 종을 신뢰하며 기도와 물질로 헌신해 준 성도들이 있었기에 여기까지 올 수 있었습니다. 성도 한 분 한 분께 감사와 사랑을 전합니다. 부족한 종을 위해 매일 기도 해주신 모친 김영자 권사님께 감사합니다. 한 몸처럼 고난의 과정을 함께 지나온 사랑하는 아내 수잔(조선영), 딸 하영, 아들 성은 그리고 동생들에게도 감사의 마음을 표합니다. 또 이 책을 출판하도록 흔쾌히 출판을 수락해주신 가나북스 출판사 배수현 대표님과 수고해 주신 편집부 박수정 실장님에게 깊이 감사드립니다.

고난이란 역경을 통해 미련하고 부족하기 짝이 없는 저를 하나님의 사람으로 만들어 가시는 그분의 손길을 느낄 수 있어 행복합니다. 지금까지 저를 버리시지 않으시고 고비마다 제게 손 내밀어 일으켜 세워 주시고, 힘들어서 속으로 눈물 흘릴 때마다

도넛 굽는 목사

위로와 격려를 건네시며, 희망을 갖도록 손잡아 주신 하나님께
감사와 모든 영광을 올려 드립니다.

도넛 굽는 **손 경 희** 목사

"이 책은 나를 빚어 오신
하나님의 은혜가 맺은 결실이다.
교회와 목회를 둘러싸고
치열하게 고민하면서 시행착오를 겪었던
나의 삶이 오롯이 포함돼 있다."

1 ··

손경희 목사를 만난 건 그가 소년이었을 때 천안 침례교회에서
였다. 당시엔 어느 집이라 할 것 없이 살림살이들이 거개 다 어려
웠다. 그의 가정도 예외는 아니었다. 자식들은 많은데 그의 아버
지가 직업이 없었으니, 어려움이 많다는 것쯤은 말을 하지 않아
도 아는 바였다. 그런데 손경희 목사의 어머니이신 김영자 집사님
은 신실한 기도 대장이었고, 오직 신앙으로 자녀들을 양육했다.

곁에서 바라본 손경희 목사의 삶을 한 마디로 표현하면, 오직
'하나님을 향한 믿음으로 고난과 역경을 이겨낸 목회자'라는 것
이다. 나는 그의 삶을 다음과 같이 정의할 수 있을 듯싶다.

손경희 목사는 하나님께서 주신 소명감과 사명감이 분명한
사람이다.

그는 미국에서 신학 공부를 하고 목회자가 되었다. 현지 담임

목사의 만류와 동역자들의 간청에도 불구하고 한국으로 귀국해 교회를 개척했다. 충분히 안정된 삶에 안주할 수 있었음에도 그는 하나님의 부르심에 확실하게 반응한 것이다.

손경희 목사는 불신자들의 핍박과 경제적 수난에도 끝까지 교회를 건축했다.

교회 건축 당시 이웃들의 탐욕으로 숱한 방해가 있었고, 수많은 난관이 이어졌지만 단 한순간도 건축을 멈추지 않았다. 피 흘리다시피 건축한 교회를 경매로 잃고 오갈 데가 없어지자, 온 가족이 쫓겨나 찜질방에서 지내기도 했다. 나도 천안침례교회를 건축하고 만 6년이 지나서야 입당예배를 드릴 정도로 어려움을 겪은 바 있지만, 그래도 찜질방 신세는 지지는 않았다. 장남인 손 목사는 어려서부터 웬만큼 힘든 일이 생겨도 말없이 혼자서 해결할 정도로, 조용하고 묵직한 성품이었다. 그가 건축하면서 얼마나 힘겹고 어려웠으며 고생을 했을지 헤아려지니, 내 가슴이 저릿하다.

손경희 목사는 21세기형 목회자다.

그는 현재에 안주하지 않을 뿐만 아니라, 변화의 환경을 내다보는 통찰력과 실행력을 지녔다. 그러기에 목회 패러다임의 전환이 필요함을 깨달았고, 이를 실천에 옮겨 스스로 경제적 어려움을 극복할 수 있게 됐다. 또 이러한 난관의 연속이었던 자신의 삶을 그는 축복이라고 결론짓고 있다.

나는 이 책을 통해 그의 진한 삶을 읽으면서 하나님의 한량없는 사랑이 어떻게 펼쳐지는지 그 섭리를 깨달을 수 있었다. 하나님의 인도하심과 동행하심을 거듭 알게 하신 하나님과 손경희 목사님께 감사드린다. 이 책을 접한 독자들이 하나님의 은혜와 사랑에 흠뻑 젖어 들기를 기도하는 마음이다.

박 성 웅 목사

천안침례교회 원로, 기침 증경 총회장

2 ··

손경희 목사님은 내가 달라스에서 유학 생활을 할 때 같은 교회에서 동역한 동료 전도사였다. 진성용 전도사님(달라스 삼일교회를 개척해 담임 목사로 시무하시다 작고하심)과 나까지 3인방이었다. 진 전도사님과 나는 유학생 신분이라 어려움이 많았지만, 손 전도사님은 도넛가게를 운영했기에 가정이 넉넉한 편이었다. 손 전도사님과 사모님은 자택으로 우리를 자주 불러 주셨고, 덕분에 우리는 스테이크를 먹으며 교제를 나누곤 했다.

그런 손 전도사님이 목사 안수를 받은 후 한국에서 목회를 하겠다고 했다. 생활이 안정되었기에 이곳에서 목회하면 될 텐데, 왜 굳이 한국으로 돌아가려고 하는지 선뜻 이해가 되지 않았다.

우리는 만류했지만, 본인이 가겠다니 끝까지 말릴 순 없었다.

그 후 서로의 소식을 잊은 채 우리는 각자의 위치에서 열심히 살았다. 손 목사님은 조치원에서 개척하여 사역에 열중했고, 나는 달라스 신대원에서 공부에 열중했다. 우리가 다시 만난 것은 내가 성서침례대학교 대학원 교수로 오면서부터이다. 이후 손 목사님과 연락을 하며, 지금까지 교제의 끈을 이어가고 있다.

목사님의 사역 과정은 어느 정도 들어 알고 있었지만, 목사님의 책을 자세히 읽으면서 사역이라는 것이 무엇인가 하는 생각을 하게 되었다. 손 목사님이 당한 어려움은 상상하기 어렵다. 누구나 한 번쯤 겪는 정도의 어려움이 아니었다. 특히 건축하는 가운데 주변으로부터 당한 수난, 또 차마 드러낼 수 없어서 간단하게 썼지만 같은 목회자들로부터 받은 아픔을 어떤 말로 표현할 수 있을까. 고난 가운데서도 성도들이 함께해 주어 견딜 수 있게 되었다는 간증은 함께 하는 동역자의 귀중함을 새삼 깨닫게 한다.

이 책은 한 편의 드라마를 보는 것과 같다. 탄탄한 삶의 기록을 따라가면서 나는 순간순간 숙연해지고 눈앞이 흐려졌다. 그의 아픔과 고통 때문만이 아니다. 고난 가운데서도 역사하시는 하나님의 은혜 때문이었다. 친동생이 다시 한 번 형을 믿고 투자하겠노라고 한 대목에선 나도 모르게 눈물이 나왔다. 동생의 마음을 통해 역사하시는 하나님의 은혜를 느꼈기 때문이다.

사업장을 운영하면서 성도들이 부대끼는 삶의 현장을 더 깊이 알게 되었다는 목사님의 고백, 또 그것이 성경적으로 잘못된 것이 아니라는 고백에 전적으로 동의한다. 성도들과 함께 하나님의 나라를 위해 짐을 나누어진다고 말하는 손 목사님의 마음에서, 이제는 한국 교계에서도 이중직에 대한 편견을 버려야 할 때가 되었다고 생각하게 되었다.

고단했을 법한 한국에서의 18년 목회여정을 담담하게, 그리고 생생하게 기록해 준 손 목사님의 수고에 감사드린다. 동역자이자 나의 친구이기도 한 손 목사의 귀한 책 출간을 마음으로 반기며 축하를 보낸다. 이 책이 개척교회를 섬기며 어려움을 겪고 있는 목사님, 그리고 이중직을 고민하거나 실행하고 계시는 자비량 사역자님들에게 실질적인 도움이 되길 바란다.

최 철 광 교수

성서침례대학교대학원 교무처장, 주경신학 박사

3 ···

연도는 정확하게 기억나지 않는데 1990년대 초반 우리나라에 총선이 있을 때였다. 새롭게 당선된 국회의원 가운데 넝마주이로 시작해 개인사업에 이르기까지 다양한 직종을 두루 섭렵

하며 실패와 성공을 반복한 입지전적 인물이 있었다. 그는 부산에 있는 어느 신학대학을 졸업한 이후 목회까지 했던 다양한 경력의 소유자였다. 자신이 살아왔던 파란만장한 삶에 대해 기자들 앞에서 토로하던 장면이 아직도 내 뇌리에 각인되어 있다.

"의원님이 그동안 해 오셨던 일들 가운데 다신 못할 정도로 힘들었던 직업은 무엇이었습니까?"

"네, 목회는 제정신 가진 사람이 할 일이 아니었습니다. 넝마주이도 할 만했습니다. 그러나 목회는 다시 할 일이 아닙니다!"

우리나라에 이 어려운 일을 하는 목회자가 약 5만여 명이 넘는다. 교회의 규모와 관계없이 목회는 그 본질상 목회자의 눈물과 인내를 요구한다. 고통과 눈물을 머금은 채 목양을 하지만 자신과 가족의 생계라도 해결할 수 있다면 그나마 감사할 수 있을지 모른다. 그러나 삶의 고통은 동일한데 생계조차 해결할 수 없다면, 어떻게 소명자의 길을 계속 갈 수 있겠는가.

손경희 목사의 책 '도넛 굽는 목사'는 이런 고통을 묵묵히 이겨낸 입지전적 목회자의 이야기를 담고 있다. 목회자이든 목회자가 아니든 시련의 도가니에서 간절하게 붙잡아야 할 소망의 끈이 필요한 분이 있다면, 누구라도 이 책을 통해 전에 없었던 힘과 용기를 얻을 수 있다. 손 목사가 경험한 하나님의 이야기에 동감한다면, 당신도 손 목사와 동일한 고백을 하게 될 것이다. 고난을 통해 하나님이 자신의 사람을 만드신다고 말이다.

하나님이 사람을 훈련하고 다루어 재능을 주기 원하실 때

가장 고결한 역할을 감당할 수 있도록 사람을 만들기 원하실 때

용기 있고 위대한 사람을 창조하여 세상을 놀라게 하길 간절히 원하실 때

그의 방법을 보라, 그의 방식을 보라.

자신이 엄선한 사람을 얼마나 처절하게 완성하시는지

망치와 펀치로 그를 다루어 어떻게 그를 시련의 진흙으로 빚으시는지

오직 하나님만 아신다네

그가 애절하게 손들어 비탄한 심장으로 부르짖을 때

그를 구부리거나 결코 부러뜨리지는 않으시고,

그가 받는 고통을 통해 결국 그를 만들어 가시는,

어떻게 하나님이 선택한 사람을 당신께서 사용하시는지

모든 방편을 통해 하나님의 목적을 그에게 각인시키시고,

그래서 그를 통해 자신의 영예를 드러내기 원하시는지,

하나님은 아신다네, 자신은 무슨 일을 하고 있는지.

– 작자 미상

정 태 회 목사

전 Faith Evangelical Seminary 구약학 교수, 현 DCMI 대표

CONTENTS

시작하는 글 ·· 4

추천의 글 박성웅 목사 | 최철광 교수 | 정태회 목사 ························ 10

Chapter 1. **귀국, 그러나 달라진 목회환경** ································· 22

한국에서의 목회를 결심하다 ··· 24

필리핀 단기 선교 ··· 28

도넛가게 정리와 귀국 준비 ··· 32

부채 2억 원을 안고 교회를 개척하다 ··· 36

복음전파의 통로로 영어 선교원을 열다 ··· 40

지역 주민들을 위한 유명 인기인 초청 잔치 ··· 44

교회 재정난의 해법을 찾다 ··· 47

업종 변경 ··· 52

목차

Chapter 2. **교회 건축** ⋯⋯⋯⋯⋯⋯⋯⋯⋯⋯⋯⋯⋯⋯⋯⋯⋯ 56

교회 건축을 위한 재정적 대안 ⋯ 58

교회 건축설계 및 건축 착공 준비 ⋯ 63

도넛가게가 무산되다 ⋯ 68

각종 민원과 공사 방해 ⋯ 72

사방에서 욱여쌈을 당하다 ⋯ 76

교회가 준공되다 ⋯ 79

Chapter 3. **목회 위기** ⋯⋯⋯⋯⋯⋯⋯⋯⋯⋯⋯⋯⋯⋯⋯⋯⋯⋯ 84

시행사와 하도급 업체의 소송과 압류 ⋯ 86

사택 경매과정에서의 반전 ⋯ 89

주민들과의 법정 소송 ⋯ 94

건축한 교회가 경매로 넘어가다 ⋯ 97

목회에 위기를 느끼다 ⋯ 101

교회와 사택의 강제집행 ⋯ 106

함께 해준 성도들 ⋯ 109

교회 이전을 통해 역사하신 하나님 ⋯ 114

Chapter 4. **벼랑 끝에서 지속가능한 목회로** ·············· 118

고난 중에 있는 자에게 보내는 주위의 시선들 ··· 120

신용카드 천사 ··· 124

일할 수 있어서 행복하다 ··· 129

길에서 드리는 기도 ··· 132

노점의 더위와 추위를 껴안고 ··· 135

이렇게 하는 것이 맞다는 생각이 들어! ··· 138

'수잔 도넛 & 커피' 매장을 오픈하다 ··· 142

월 매출 1,500만 원 기록 ··· 145

Chapter 5. **실패의 미학** ·· 148

예측 가능한 고난 ··· 150

인생의 쓴맛을 겪은 후에 ··· 153

행복한 목사, 행복한 가정 ··· 157

나의 보물, 나의 엔도르핀 ··· 162

실패가 가져다 준 선물 ··· 167

실패의 열매들 ··· 172

목차

Chapter 6. '자비량 목회'를 말하다 ·············· 176

일하는 목사 ⋯ 178

이중직 목회자를 바라보는 시선 ⋯ 184

'투잡(Two-Job)' 목회자를 응원하는 사람들 ⋯ 187

도넛 매장의 일상들 ⋯ 190

21세기형 목회자의 길 ⋯ 195

목회 패러다임의 전환이 필요하다 ⋯ 198

자비량 목회자를 응원하는 창업 귓속말 ⋯ 202

맺는 글 ·············· 208

부록 고난을 통과하는 시간 ·············· 212

세상을 이기는 성도의 믿음 ⋯ 214

여호와는 나의 목자 ⋯ 225

하나님의 은혜로 다시 일어서라 ⋯ 231

Chapter

01

귀국,
그러나
달라진 목회환경

한국에서의 목회를 결심하다 …

필리핀 단기 선교 …

도넛가게 정리와 귀국 준비 …

부채 2억 원을 안고 교회를 개척하다 …

복음전파의 통로로 영어 선교원을 열다 …

지역 주민들을 위한 유명 인기인 초청 잔치 …

교회 재정난의 해법을 찾다 …

업종 변경 …

한국에서의 목회를 결심하다

 2002년 5월 9일, 미국 영주권자였던 나는 하나님의 종으로 부름을 받아 목사 안수를 받았다. 그러나 난 오래전부터 언젠가는 고국으로 돌아가 목회의 삶을 마치겠다는 생각을 하고 있었다. 이미 수년 전부터 한국에 돌아가야 할 이유를 조목조목 준비해 아내를 설득하고 있었다. 가장 가까운 아내조차 몇 년에 걸쳐 설득해야 했을 정도이니, 주변 사람들이 우리의 이런 사정을 짐작도 하지 못한 건 당연했다.

 미국 생활은 꽤 안정적이었다. 30대 초반, 미국인이 창업해 25년간 운영하던 도넛가게를 인수했다. 한 사람이 오랜 기간 운영하던 가게였기에 장사가 잘 되는 편이었고, 덕분에 제법 큰 주택을 사서 부족함 없이 살았다. 아내와 두 자녀는 미국 시민권을 가지고 있었기에 우리 네 식구가 생활하는 데는 아무런 문제가 없었고, 도넛가게를 운영하며 사역을 해도 무리가 없는 상황이었다. 누가 봐도 미국의 안정된 생활을 버리고 고국으로 돌아갈 아무런 이유가 없었다. 그러나 내가 한국에서 목회하려는 데에는 나름대로 분명한 몇 가지 이유가 있었다.

Chapter 1

그 첫째는 목회 전반에 관한 문제였다.

우선 나는 현지인들과의 언어 소통에 어려움이 있었고, 미국 문화를 이해하며 적응하는 데 어려움이 있었다. 또한 예전처럼 미국으로 이민자가 많이 오는 것도 아니었다. 당시 난 이민 1세대 목회를 하고 있었는데 앞으로의 긴 시간을 생각할 때 여러 가지로 한계가 있다고 판단했다. 특히 한인을 대상으로 한 미국 목회는 이제 이민 1.5세대나 2세대들이 짊어져야 한다고 보았다. 그들은 어린 나이 때부터 미국에 와서 공부하고 생활했기 때문에 언어와 문화 차이로 인한 갈등은 그다지 크지 않았다. 그런 측면에서 뒤늦게 미국에 건너와 생활하는 내가 한인 목회를 담당한다는 것은 다음 세대들에게 민폐를 끼치는 일이 될 수도 있었다. 그럴 바에는 차라리 미국에서 보고, 듣고, 느낀 좋은 점들을 한국에 돌아가 사역현장에 접목해 목회하는 것이 더 효율적일 거라는 생각이 들었다.

두 번째 이유는 자녀들의 교육문제였다.

나는 두 남매를 두었는데 두 아이는 미국에서 태어났다. 한국으로 오기 전 큰아이는 한국 나이로 9세였고, 둘째 아이는 6세였다. 두 자녀 교육문제가 내게는 더 이상 한국행을 늦출 수 없게 만든 이유였다. 아이들이 미국에서 성장하는 시간이 길어질수록 한국에 적응하는 것이 어려울 것 같았다. 큰 아이는 한국말이 서툴렀다. 한 예로, 내 바지 주머니에서 물건이 떨어지면 아이는 그것을 보며 이렇게 표현했다.

"아빠, 주머니에서 물건이 넘어졌어요."

한국말보다 영어가 더 편한 아이들이었다. 게다가 두 아이는 한글을 깨치지 못하고 있었다. 말도 안 되고 글도 안 되는 아이들을 한국 교육에 적응시키기 위해서는 하루라도 빨리 움직이는 것이 나을 듯했다. 많은 이민자가 유학을 마치고도 미국을 떠나지 못하는 결정적 이유가 아이들의 교육문제라는 걸 알기에, 더 미루다가는 나 역시 미국에서 그대로 눌러 앉아야 할지도 모른다는 강한 압박감이 있었다.

세 번째 이유도 아이들인데, 그들이 겪게 될 사회적 정체성 때문이었다.

미국 사회는 상위 계층으로 갈수록 인종차별로 인한 어려움이 많다. 아이들은 미국에서 태어나 미국 시민으로 살고는 있지만 피부색은 노력으로 되는 일이 아니었다. 미국 사회가 겉으로는 차별을 금지하지만 오리엔탈(아시아)인이기에 당하는 불이익이 엄연히 존재하는 구조였다. 평생을 미국인도 아니요, 그렇다고 한국인도 아닌 어정쩡한 신분에서 살아가야 할 자녀들을 생각하면 가슴이 찡하게 아팠다. 미국 사회에서는 분명한 한국인인데, 막상 한인 사회에서는 한국어를 못하는 이방인이었다. 자기 정체성의 문제에 직면할 때 아이들이 겪어야 할 난관들이 빤히 보였다.

평소에도 나는 아내에게 아이들은 2개 국어를 사용할 수 있어야 한다고 강조했다. 특히 한국 사람으로서 한국어를 모르는 건 자신의 존재 자체를 확신하기 어렵다고 말하곤 했다. 공부는 한국에서 시작하고, 나중에 자신들의 뜻으로 미국에 가고 싶을 때가 되면 그때 돌아가 공부하는 게 순리라고 말하며 아내를 설득했다. 아내 역시 나의 의지가 굳건하다는 걸 알기에 한국으로 돌아가는 것에 동의해 주었다.

그렇게 마음의 준비를 하고 사역하던 교회 담임 목사님께 한국행을 말씀드렸는데 참으로 고마운 말씀을 해주셨다.

"손 목사, 내가 은퇴하면 이 교회 후임자로 손 목사를 내정하려고 하니, 고국으로 돌아가지 말고 함께 사역합시다."

"목사님…."

담임목사님의 배려가 정말 감사했다. 그러나 나도 짧은 시간에 고민한 결과가 아니었다.

"목사님, 말씀 감사합니다. 그런데 현재 제가 이민 목회를 하기에는 여러 가지로 부족합니다. 아무래도 저는 다음 세대를 위해서라도 떠나는 것이 나을 것 같습니다."

한국에서의 목회를 결심한 이상 더 늦어질수록 고민과 겪어야 할 과정들이 크기에, 그 이후부터는 다른 여지를 두지 않았다.

필리핀 단기 선교

목사 안수를 받은 지 열흘쯤 지난 5월 중순이었다. 아내와 함께 필리핀으로 자비량 선교를 떠났다. 5박 6일로 일정을 잡고 선교지에서 나눠줄 의약품과 물품들을 준비했다. 선교지인 필리핀에 도착하여 의료팀들과 함께 치유 사역을 했는데 첫날부터 하나님의 은혜가 넘쳤다.

함께 사역했던 내과 의사인 장 박사는 필리핀 산지족들이 있는 곳에서 환자들을 돌보았다. 장 박사는 교회 집사였지만 성령 체험이 없었기에 하나님의 기적을 믿지 않는 분이었다. 현지에서 약과 의술로 치료가 되지 않는 사람들은 우리 기도팀으로 인도해 치유 기도를 받게 했다. 나는 신유의 은사를 받은 김 목사, 그리고 장 박사의 아내와 함께 한 팀을 이뤄 사역하고 있었다.

그때 목이 아파 말을 하지 못하는 한 자매가 우리 팀에 인도되었다. 우리는 그녀를 위해 간절한 마음으로 안수기도를 했다. 하나님의 은혜가 임하자 그 자매는 기도를 받던 중에 '꽥' 소리를 질렀다. 성령님의 역사하심으로 말을 하지 못하던 자매가 목이 트이더니 말을 하기 시작한 것이다. 함께 기도하던 장 박사의 아내가 그 자매에게 차분하게 말을 따라 해 보라고 했다. 그 자매는 또박또박 말을 따라 했다. 장 박사의 아내는 감격해 그 자매를 끌어안고 눈물을 흘렸다. 그리고 바로 남편인 장 박사에게 그 자매를 데리고 갔다. 자매가 치유를 받았다고 말하며 다시 그녀에게 말을 해 보라고 했다. 조금 전까지만 해도 말을 못 하던 사람이 말을 하자 장 박사도 놀라는 것 같았다.

그날 저녁 우리 팀은 하루 사역에 대한 합평 시간을 가졌다. 가장 화제가 된 사건은 말을 못 하던 자매가 치유를 받은 얘기였다. 그때 장 박사는 팀원들 앞에서 이런 고백을 들려주었다.

"나는 하나님을 믿지만, 사실 하나님의 치유 능력은 믿지 않았습니다. 그런데 낮에 있었던 자매의 일을 보면서 머리가 쭈뼛하게 서고, 온몸에 닭살이 돋는 느낌을 받았습니다. 내 눈앞에서 벌어진 사건을 보면서 하나님이 살아 계시다는 것을 체험했습니다."

그날 이후 선교지에서는 귀신들린 자에게 있던 귀신이 쫓겨나가는 사건들이 일어났고, 병든 자가 치유되는 일이 일어났으며, 안수할 때 사람들이 뒤로 넘어가는 일들이 일어났다. 우리 모두는 선교 현장에서 하나님의 놀라운 기적들이 끊임없이 일어나는 체험을 하게 되었다.

4일째 되던 밤이었다. 현지 선교사가 조용히 내게 찾아오더니 뜻밖의 고민을 이야기했다.

"저는 선교사로 파송 받기 위해 한국에서부터 하나님께 간절히 기도하던 제목이 있었습니다. 하나님의 능력이 임해 병자를 치유하는 신유의 은사를 달라고 몇 년간 기도했지만, 하나님께서는 저에게 그런 능력을 주시지 않았습니다. 어떻게 해야 저도 치유의 은사를 받을 수 있을까요?"

난 당황스러웠다. 사실 나도 방법을 모르기 때문이다. 필요한 순간마다 하나님께서 일하셔서 그와 같은 능력이 나타난 것이지, 내가 한 것이 아니었다. 나는 조심스럽게 선교사에게 마음을 전했다.

"그것은 내가 능력이 있어서가 아니라, 하나님께서 저를 도구로 사용하신 것뿐입니다. 저도 그것을 어떻게 설명해 드려야 할지 모르겠습니다."

하나님의 은사를 받을 수 있는 비결은 기도하는 것 외엔 없다. 사실 하나님께서 각 사람마다 주시는 은사는 다 다르다. 또 은사는 오직 성령께서 행하시는 일이기에, 자랑할 게 없다.

단기 선교의 모든 일정을 하나님의 은혜로 잘 마치고, 한국을 경유해 미국으로 돌아가는 여정만 남겨 두고 있었다. 선교팀원들은 한국에 일정이 있는 사람들과 바로 미국으로 들어갈 사람들로 나뉘어 인천공항에서 해산했다. 우리 부부는 일주일간 한국에 머무르면서 국내 실정과 사역할 지역을 점검해 보기로 했다. 일주일의 시간은 너무도 빨리 지나갔고, 우리는 다시 미국으로 들어갔다.

"하나님의 은사를 받을 수 있는 비결은
기도하는 것 외엔 없다.
사실 하나님께서 각 사람마다 주시는 은사는 다 다르다.
또 은사는 오직 성령께서 행하시는 일이기에,
자랑할 게 없다."

도넛가게 정리와 귀국 준비

　모든 일정을 마치고 미국으로 돌아가 섬기고 있는 교회에 단기 선교 보고를 했다. 선교지에서 있었던 은혜로운 사건과 경험들을 통해 하나님께서 역사하신 감사한 시간을 나누었다.

　예배가 끝난 뒤 담임 목사님께서 점심을 같이 먹자고 하셨다. 목사님 내외와 우리 부부는 함께 식사를 했다. 식사를 마치자 목사님은 미국에서 사역할 것을 재차 권면하셨다.

　"많은 사람이 미국에 와서 살고 싶어 하는데, 왜 굳이 한국에서 목회를 하려고 합니까. 나도 한국에서 목회를 했었지만 결코 한국 목회가 쉽지 않습니다."

　그러나 내 의지는 조금도 흔들리지 않았다. 내 소신을 아신 목사님께서는 더 권면하지 않으시고 격려해 주셨다.

　"힘들면 언제든지 다시 돌아오세요. 다시 오면 그때에도 후임으로 유효합니다."

　"목사님의 배려와 사랑, 잊지 않겠습니다."

　정중히 목사님께 감사 인사를 드렸다. 마음이 뭉클했다.

　미국에서 계획했던 모든 일정을 무사히 잘 마쳤다. 우리는 한국으로 돌아가기로 결단했기에 하루빨리 미국 생활을 정리해야 했다. 먼저 5년간 운영하던 도넛가게를 정리하는 게 급선무였다. 지역 일간지에 광고를 냈다. 여러 사람이 문의 전화를 했고 직접 찾아오는 이들도 있었다. 어느 날 한 여자분이 찾아와 자신을 모 교회 성도라고 소개했다.

"저는 2년 전부터 매일 새벽예배를 드리러 교회에 가면서 이 가게 앞을 지나다녔습니다. 그때마다 '하나님, 저 가게를 저에게 주십시오.'라고 기도했습니다. 그러다가 목사님께서 한국으로 가신다는 소식을 들었습니다. 기도하도록 이끄신 하나님께서 분명히 이 가게를 저희에게 주실 줄로 믿습니다. 저희는 현금이 준비되어 있으니, 인수하게 해 주신다면 전액을 현금으로 드리겠습니다."

그 얘기를 들으면서 너무 놀랐다. 이미 하나님께서는 모든 것을 예비하셨고 때가 되니 준비된 사람을 보내주신 것 같았다. 우리는 그 분에게 가게를 넘겨주기로 했다. 이제 더 큰 문제는 현재 살고 있는 주택을 파는 일이었다. 그런데 마음이 편치 않았다. 부동산 중개인이 부정적인 예측을 했기 때문이다.

"한국 사람이 살았던 집은 대체로 한국인 특유의 마늘 냄새와 김치 냄새가 집안에 배어 있다고 해서, 미국 사람들이 쉽게 구입하려 하지 않아요. 게다가 이 지역은 주로 백인들이 살고 있는 곳이기에 더 쉽지 않을 거예요."

그런데 그 중개인의 예견을 깨고, 한 흑인이 우리 집을 보더니 집이 무척 마음에 든다며 사겠다고 했다. 모든 일이 일사천리로 진행되고 있었다. 그런데 사실 그보다도 더 마음에 걸리는 것이 있었다. 처가의 부모님들께 한국으로 간다는 말을 어떻게 전할지가 큰 걱정이었다.

장인어른과 장모님은 1983년에 미국에 이민을 오신 분들이다. 이민 온 지 20여 년이 지났지만 이분들의 기억에 고국은 가난하고 어려운 나라였다. 그러니 우리가 고국으로 돌아간다고 하면 반대하실 것이 분명했기에, 차마 입이 떨어지지 않아 기회만 보고 있었다. 벼르고 별러 처가에 갔을 때다.

"한국으로 돌아간다고?"

장인어른의 말씀에 깜짝 놀랐다. 사실 장인어른 댁과 우리 집과는 차로 40분쯤 되는 거리였고 서로 시(City)가 달랐다. 그런데 벌써 우리 소식을 알고 계셨던 거다. 한인 사회에서의 소문이 얼마나 빠르게 퍼져나가는지를 그때 새삼 실감했다. 미안해서 차마 말을 하지 못하고 있다가 용기를 내어 입을 뗐다.

"죄송합니다. 먼저 말씀드려야 했는데, 반대하실 것 같아 차마 말씀을 못 드렸습니다."

그런데 장인어른이 뜻밖의 말씀을 하셨다.

"한국으로 돌아가고 싶으면 돌아가야지! 자네 정도라면 어디에 가도 걱정하진 않네."

이제 처가에서도 한국으로 돌아가는 것을 승낙해 주셨다. 며칠간 계속 상상할 수 없는 일들이 일어났다. 고국으로 돌아가는 일을 하나님께서 허락하시지 않았다면, 이런 일들이 일어날 수 없을 것이란 생각이 들면서, 모든 여정에 하나님께서 섬세하게 일하고 계심을 느꼈다. 염려했던 큰 문제들이 너무도 쉽게 풀리면서 몸과 맘은 더욱 분주하게 움직였다. 고국에서 당장 쓸 물건들만 챙겨 배편으로 먼저 보내기로 했다. 남은 것들은 함께 사역하던 최철광 전도사님께 위임했다. 8년간의 미국 생활을 정리하는 데 불과 한 달도 걸리지 않았다.

부채 2억 원을 안고 교회를 개척하다

2002년 7월 13일, 나는 아내와 두 자녀를 데리고 한국행 비행기에 몸을 실었다. 어디에서 목회할 것인지 정해진 바는 없었다. 다만 하나님께서 인도해주실 걸 믿었고, 내 조국에서 복음을 전하겠다는 굳은 의지와 열정만 내 안에 가득했다.

귀국하자마자 유년기 때부터 출석했던 모(母) 교회 박성웅 목사님께 인사차 방문했다. 목사님께서는 반갑게 맞아 주셨다. 그동안 미국에서 있었던 이런 저런 얘기를 나누었다.

"앞으로 어떤 계획을 가지고 있습니까?"

"네. 개척을 하려고 합니다."

"개척이오? 손 목사님. 여기는 예전의 한국이 아닙니다. 지금은 개척교회가 어려운 시대입니다. 상가를 임대하는 것부터 교회 인테리어 등 개척 준비만 해도 많은 돈이 필요합니다. 문제는 그 이후입니다. 그렇게 시작해도 상가 교회에는 성도들이 가지 않습니다. 개척할 바에는 차라리 미국으로 다시 돌아가는 게 낫지 싶은데…"

아마 목사님께서 보시기에 젊은 목사가 한국 실정을 잘 몰라

무모한 도전을 하는 거라 여겨 안타까운 마음이 드셨던 것 같다. 그러나 난 이미 각오를 하고 귀국한 것이기에, 개척에 대한 나의 의지를 담대하게 피력했다. 한 친구 목사는 한국 목회의 현실을 잘 모를 테니, 부목사로 3년 정도 사역하다가 한국 실정을 좀 알게 되면 그때 개척을 생각해보라고 권유했다. 그러나 나는 여전히 자신만만해 있었다. 어차피 부교역자로 교회를 섬겨도 담임목회의 길에 들어서면 다시 부딪히며 배워나가야 할 것이 아닌가. 그러느니 차라리 개척해서 직접 목회현장 상황을 익혀 나가는 것이 더 효과적일 것 같았다. 몇몇 만남을 끝으로 나와 아내는 개척지를 찾아 나서기 시작했다.

'하나님, 우리가 사역할 장소는 어디에 있습니까? 어느 곳에 하나님의 교회를 세워야 합니까?'

매일 기도하며 부동산 사무실을 찾아다녔다. 발바닥이 아플 정도로 여러 군데를 둘러보았지만 교회에 적합한 곳을 찾기가 어려웠다. 다음날도 그다음 날도 계속해서 발품을 팔았다. 한데 마음에 감동이 오는 장소는 발견하지 못했다.

그러던 어느 날 일간지를 뒤적이다 교회를 매매한다는 광고 문구를 발견했다. 곧바로 전단에 적혀 있는 번호로 전화를 걸었다. 교회에 직접 찾아가 보고 싶다고 주소를 요청했다. 곧바로 달려가 목적지에 도착했더니 교회 목사님께서 기다리고 있었다.

"우리 교회는 대출금이 2억 원 있습니다. 혹시 돈이 부족하시면 부채 2억 원을 떠안고 사실 수도 있습니다."

2억 원이라는 금액은 꽤 부담스러웠다. 그러나 먼 길을 달려온 김에 우리는 교회를 둘러보았고, 상의 후에 다시 연락을 주겠다고 전한 뒤 돌아왔다. 아내와 함께 그곳이 우리가 사역할 곳인지에 대해 기도했다. 교회 건물을 인수할 경우 모든 것이 갖춰져 있어 추가 비용이 많이 들지 않는다는 장점이 있었다. 상가임대를 얻어 교회를 세우는 것보다 건물이 있는 그곳에서 첫 사역을 시작하고 싶다는 마음이 들었다. 아내도 동의했다. 며칠이 지나 교회를 인수하기로 결정하고 법무사 사무실에서 인수인계에 필요한 서류를 갖춰 교회 이전에 관한 일을 마무리 지었다.

그렇게 내 첫 사역은 충남 조치원이라는 작은 읍에서 시작됐다. 이사를 하고 아내와 함께 동네 주민들에게 작은 선물을 나눠주며 인사를 했다. 이웃 주민들은 우리가 미국에서 왔다는 이야기를 들으면 흠칫 놀랬다.

"젊은 목사가 왜 좋은 미국 땅을 놔두고, 이런 시골에서 목회를 하려고 해요?"

대부분의 사람들은 젊은 우리 부부를 이해할 수 없다는 듯 쳐다보았다. 심지어 목회에 연륜이 있는 선배 목사님들조차도 걱정 반, 기대 반으로 바라보셨다. 어떤 분들은 젊은 목사가 세상 물정 모르고 교회사역에 뛰어든 것 같다며, 조만간 손들고 다시 미국으로 돌아갈 것이라고도 했다.

하지만 하나님께서 내게 허락하신 사명은 세상 사람들과 다를 거라고 믿었다. 우리는 매일 하나님께서 이끌어 주시기를 간절히 기도했다. 교회 이름을 놓고 기도하는데, 그리스도의 사랑을 나누는 교회가 되어야겠다는 감동이 왔다. 교회이름을 '나눔의교회'로 정하고, 2002년 8월 2일 아이들과 첫 예배를 드렸다.

복음전파의 통로로 영어 선교원을 열다

열정과 패기로 시작한 개척교회는 기대했던 것만큼 성장하지 않았다. 나름대로 지탱하기 위해 여러 가지 방법들을 모색하고 사역에 적용해 보았지만, 괄목할 만한 성장은 보이지 않았다. 그때 계획에 없었던 길 하나가 우리 눈에 보였다.

당시에는 CMS 영어 선교원이 작은 교회 중심으로 전국에 퍼져 있었다. 우리 교회에 영어 선교원을 운영하면 전도가 될 뿐만 아니라, 선교헌금을 통해 교회 재정에 보탬도 될 것 같아 영어 선교원을 시작하기로 마음먹었다.

나는 차별화된 영어 선교원을 운영하고 싶었다. 우리에겐 유리한 점이 있었다. 아내가 미국 시민권자이기에, 그 장점을 살려 아내 이름을 딴 '수잔 영어 선교원'을 설립하기로 하고 준비 작업에 들어갔다. 우선 차별화되고 신뢰를 얻는 선교원 운영을 위해 미국에 있는 처제에게 교재로 삼을 만한 교구 선정을 부탁했다.

개원에 맞춰 친교실로 사용되었던 공간을 주간에는 영어 선교원으로 활용하기로 하고, 공부할 수 있는 분위기로 변화를 주었다. 모든 준비과정을 마치고 곧바로 홍보 전단지를 만들었다. 그것을 가지고 나가 마트 앞에서 사람들에게 나눠주면서 영어 선교원 홍보를 했다. 일부는 지역신문사에 의뢰해 신문 속지에 넣어 배포했다. 금세 학부모들로부터 문의 전화가 왔다. 학부모 상담과 영어 선교원의 운영 계획을 설명한 뒤, 학생들의 숫자가 채워지면 곧바로 수업에 들어갈 거라 알리고 수강 신청서를 받았다. 3개월의 준비 끝에 드디어 영어 선교원을 개강했다.

일주일에 4일간 수업을 진행했다. 아내는 아이들 수업을 전담했고, 난 선교원 차량을 운행했다. 영어 선교원으로 인해 교회에 생기가 넘쳐났다. 지역사회에도 조금씩 소문이 퍼져나가면서 영어를 배우려는 아이들이 몰려왔다. 그렇게 영어 선교원을 통해 많은 것들이 바뀌었지만, 그럼에도 뭔지 모르게 2%가 부족한 것처럼 느껴졌다. 전도로 이어지지 않았기 때문이다.

'영어 선교원을 통해 이웃주민들을 복음으로 초대할 수 있는 묘책이 없을까?'

기도하며 묵상하던 끝에 영어 성극을 준비하고, 영어 찬양을 학생들에게 가르쳐서 발표회를 갖기로 했다. 학생들에게 각자 역할을 맡기고, 영어로 대사를 외우게 했다. 영어 찬양도 가르쳤다. 학부모들을 교회로 초청해 영어 성극과 영어 찬양 발표회를 갖는 등 교회의 문턱을 낮추기 위해 다양한 시도와 노력을 기울였다. 학부모들은 자기 자녀들이 영어 찬양과 성극을 하는 것을 보며 대견해 했다. 그 모습을 보면서 나와 아내도 마음이 뿌듯했다. 이 발표회로 인해 영어 선교원은 믿는 사람들과 믿지 않는 사람들을 교회로 초청하는 자연스러운 매개가 되었다. 뿐만 아니라 우리 교회는 지역 사람들에게 한층 더 좋은 이미지를 심어주는 계기가 됐다.

아울러 작은 도서관을 설립해 주민들과 학생들이 책을 읽을 수 있는 공간을 마련하기로 했다. 해당 군청 '문화체육부' 담당자를 찾아갔다. 지역 주민들을 위해 작은 도서관을 설립하겠다고 했더니, 담당 직원은 그 분야에 대해 잘 모르겠다며 관심을 보이지 않았다. 다시 수소문하여 '작은 도서관'을 운영하는 곳을 찾았고, 그곳에서 알려주는 대로 모든 자료를 준비해 다시 '문화체육부' 담당자를 찾아갔다.

"정부의 방침에는 작은 도서관을 설립할 수 있도록 회칙이 제정되어 있습니다."

즉시 서류를 제출하고 도서관을 설립을 위한 공간(10평)과 책 1,000권을 준비했다. 담당 직원이 직접 방문해 '작은 도서관' 설립 조항을 제대로 갖추었는지 점검한 후, 지역 내 '작은 도서관 1호'로 설립허가를 내주었다. 영어 선교원으로 교회 문턱을 낮추어 지역 주민들이라면 누구나 교회에서 운영하는 작은 도서관을 이용할 수 있었다. 그렇게 우리는 지역사회에 이바지하는 교회가 되기 위해 노력했다.

영어 선교원을 통해 주일학교가 성장하기 시작하더니 어른 성도도 한 사람씩 오기 시작했다. 이제는 우리 가족 외에도 4, 5명이 예배자로 모여 예배를 드리게 되었다. 사실 영어 선교원을 운영하지 않았을 때는 성도가 한 사람도 없었다. 어쩌다 성도 한 사람이 예배에 참석하면 나는 당황하기도 했고, 새로 찾아온 성도에게 미안하기도 했다. 오죽하면 성도 한 사람도 없는 교회의 실상을 보여 주는 것이 부끄러워 차라리 안 오는 것이 낫겠다는 생각이 들 때도 있었다. 교회에는 우리 부부와 두 자녀뿐이었기 때문이다.

그나마 이것도 잠시, 교회와 영어 선교원을 통해 복음을 전하고자 했으나 생각한 만큼 교회는 성장하지 않았다. 학부모들은 저렴한 비용으로 양질의 영어교육을 받을 수 있는 선교원에 대해서는 좋은 평가를 내렸지만, 교회의 문턱을 넘어 예배자로 발을 딛는 경우는 거의 없었다. 그러한 현실 앞에 실망과 낙심이 되었다. 우리가 시작한 영어 선교원이 교회 본래의 전도 목적에 부합하지 못하는 것에 대한 회의감도 들었다. 영어 선교원만으로는 교회 성장에 한계가 있음을 알게 되었다. 계속해서 선교원을 운영할 것인지에 대해 진지한 고민을 시작했다.

지역 주민들을 위한
유명 인기인 초청 잔치

지금은 고인이 되셨지만 생전에 많은 사람들에게 웃음을 선사해 주었던 '신바람 황수관 박사 초청 잔치' 계획을 세웠다. 당시 '신바람 황수관 박사'를 초청하겠다고 주변에 얘기했더니, 우리 같은 개척교회에서는 그런 인기 있는 유명인은 불가능하다며 다들 믿지 않았다. 농협 간부로 있던 어느 지인은 자신들이 농협 연수원에서 황수관 박사를 초청하려고 했지만, 2년간 일정이 꽉 차 있어서 초청할 수 없었다며 우리도 어려울 것이라 했다. 그래도 포기할 수 없었다. 연락처를 알아내 전화를 걸었다. 황 박사의 비서가 전화를 받았다.

"여기는 개척교회인데 황수관 박사님을 초청하고 싶습니다."

"죄송하지만 박사님은 일정이 꽉 차 있어서 올해는 집회를 더할 수 없습니다."

"그래도 날짜를 점검해 보시고 집회할 수 있는 날짜가 있는지 꼭 연락을 해주십시오."

며칠이 지났지만 연락은 오지 않았다. 비서에게 다시 전화를 걸었다. 우리는 꼭 황수관 박사를 모시고 집회를 해야 한다고 간곡히 부탁했다. 비서는 한참을 고민하는 눈치였다.

"일정을 보고 상의한 뒤 연락을 드리겠습니다."

며칠 후 비서로부터 전화가 왔다. 도저히 시간을 뺄 수가 없다고 했다. 나는 포기하지 않고 무조건 황수관 박사를 초청하고 싶은 날짜를 제시했다.

"2005년 4월 9일, 저녁 집회 날짜를 정해 놓고 기도하고 있습니다. 꼭 모셔서 집회를 해야 하니 도와주십시오."

부탁하는 처지에 단호히 못까지 박았더니 비서는 황당해하는 것 같았다. 며칠이 지나도 연락이 오지 않았다. 다시 전화를 거니 역시 비서가 받았다.

"죄송하지만 그 날은 어렵습니다."

그렇게 밀고 당기기를 열 차례를 넘게 했다. 어느 날 비서에게서 연락이 왔다.

"황 박사님께서 정한 날짜에 집회를 하시겠답니다."

순간 나는 내 귀를 의심했다.

"진짜 오신다고요?"

"네. 한창 바쁜 박사님께 날짜와 시간까지 정해서 요청하시는 분이 어떤 분인지 직접 보고 싶다고 하시네요."

그 날 이후부터 우리는 집회 준비로 분주해졌다. 현수막을 제작해 게시물에 걸고, 전단을 만들어 신문사에 배포했다. 개척

교회이다 보니 찬양을 인도할 팀이 없어 찬양단 섭외에 들어갔다. 지인들을 통해 '글로리아 찬양팀'을 소개받았다. 집회를 위해 전방위로 최선을 다해 준비하고 기도에 힘썼다.

그렇게 해서 '신바람 황수관 박사 초청 집회'를 무사히 열었다. 그날 집회엔 빈자리가 없을 만큼 많은 사람이 모여들었고, 뜨거운 열기 속에서 집회를 마쳤다.

교회 재정난의 해법을 찾다

매달 갚아야 하는 은행 이자와 함께 여러 가지 재정적 어려움과 문제들이 한꺼번에 밀려왔다. 하나님 나라 확장을 바라며 믿음으로 시작한 개척인데, 삶이 나아지는 것이 아니라 시간이 흐를수록 더 어려워지고 있었다. 한 집안의 가장으로, 또한 교회의 담임목사로 살아가는 것이 힘들고 괴로웠다. 그렇지만 목회를 접을 수는 없었다. 하나님께 모든 것을 맡기는 것밖에는 할 수 있는 일이 없었다. 어떻게 하면 이 어려운 재정 문제를 해결할 수 있을까를 놓고 기도하다가 문득 도넛가게가 생각났다.

이미 미국에서 도넛가게를 운영한 경험이 있었기에, 이곳에서도 도넛을 만들어 판매하면 교회의 재정적인 문제를 해결할 수 있을 것 같았다. 그러나 막상 도넛을 만들려고 하니, 도넛을 만드는 데 필요한 장비와 재료를 어디에서 어떻게 구해야 할지 막막했다. 이곳저곳을 수소문하기 시작했다. 그 당시 유명한 도넛은 ○○도넛 브랜드밖에 없었다. 포기하지 않고 서울과 경기도 지역을 샅샅이 뒤졌다.

여러 날 발품을 팔아 노력한 결과, 모 제분 회사에서 ○○도 넛 업체의 제품을 생산한다는 소식을 들었다. 그 회사에 전화를 걸어 제품 생산팀장과 상담 약속을 잡았다. 제분 회사에 방문해 제품 생산에 대한 상담을 마친 뒤 신제품 실험실로 자리를 옮겼는데, 실험실에 들어서니 내가 찾던 모든 것이 그곳에 다 있었다. 마치 미국 도넛가게를 그대로 재현해 놓은 것 같았다. 담당자로부터 다른 장비에 대한 정보도 얻었기에 도넛가게를 시작할 수 있을 것 같았다.

문제는 장비를 살 돈이었다. 나는 돈이 없었다. 물론 가게를 얻을 보증금도 없었다. 나는 하나님께 무릎으로 아뢰었다.

'하나님! 교회도 살고 제 가정도 살 수 있는 길은 도넛을 만들어 판매하는 방법밖에 없는데, 이 일을 시작할 수 있게 길을 열어주세요.'

기도하던 중에 하나님은 충남 공주에 가보고 싶은 마음을 주셨다. 아내에게 공주로 가자고 했다. 무슨 영문인지도 모르는 채 아내는 나를 따라나섰다. 차 안에서 나는 하나님께 또 기도했다.

'하나님, 왜 저에게 공주로 가라고 하십니까? 그곳에 무엇이 있기에 그곳으로 가라는 마음을 주십니까? 그곳에 도넛을 할 수 있는 가게를 준비해 두셨나요?'

기대감을 안고 공주로 향했다. 한참을 달려 차가 공주 시내에

들어섰다. 나는 열심히 주위를 돌아보았다. 내 수중엔 가진 게 하나도 없었지만, 왠지 하나님께서 예비하신 상가가 있을 것 같은 믿음이 있었다. 마침 눈에 띄는 상가가 있었다. 4차선 도로에 자리한 신축 건물인데, 1층에 아직 미분양인 상가 하나가 남아 있었다. 그곳에 가게를 열면 좋을 것 같았다.

문제는 돈이었다. 상가 위치나 평수로 보아 제법 임대료가 비쌀 것 같았다. 아무리 생각해도 우리에게는 무리일 듯하여 그냥 돌아섰다. 공주 시내를 막 빠져나가려는데, 왠지 그 상가를 다시 한 번 살펴야 할 것 같았다. 하나님께서 나에게 공주를 가게 하신 분명한 이유가 있을 거라 생각하고 차를 돌려 다시 상가로 갔다.

상가 문의를 하기 위해 주인을 찾았다. 예상대로 우리 형편에선 상가 임대료가 턱없이 비쌌다. 보증금 7천만 원에 월세가 100만 원이라는 것이다. 마음은 있었지만 어떻게 말을 해야 할지 엄두가 나지 않았다. 그때 건물 주인은 자신의 책상 앞 벽을 손짓하며 입을 열었다.

"저 벽면에 적힌 이름들이 상가임대 문의를 해온 사람들입니다."

그 말을 들으니 이 상가는 우리와 인연이 없는 모양이라고 여겨졌다. 자리에서 일어서는데 상가 주인이 뜻밖의 제안을 했다.

"가게를 한다면 당신에게 우선권을 주겠습니다. 상가 문의를 해온 저 사람들 중에는 돈을 싸 들고 오겠다는 이도 있었지만, 저는 직접 이 건물에 들어와서 장사를 잘 할 수 있는 사람을 찾고 있어요. 오늘 얘기를 나누고 보니 당신이라면 장사를 잘 할 것 같은 마음이 듭니다."

나는 조심스럽게 말을 꺼냈다.

"저, 사장님! 보증금을 조금 낮추고 월세를 조금 올려 받으시면 어떠실지요?"

"얼마 정도면 할 수 있는데요?"

"보증금 3천만 원에 월세를 맞춰서 해 주시면 할 수 있을 것 같습니다."

3천만 원은 커녕 수중에는 백만 원도 없었다. 그러나 하나님께서 허락하신다면 모든 것이 이루어질 줄 믿고 있었다.

그때 뜻밖에도 건물주는 내 제안을 수락했다. 계약 날짜를 약속하고 돌아왔다. 그리고 하나님의 뜻이라면 도넛가게를 할 수 있도록 문제를 해결해 달라고 기도했다. 하나님께서는 은혜로 가게를 열 수 있게 금전적인 문제를 해결해 주셨다.

큰 기대를 하고 가게를 열었다. 그런데 기대만큼 매출이 오르지 않았다. 하루 매출이 겨우 아르바이트생 인건비 줄 정도밖에 안 되었다. 거의 한 달이 되어 가는데 여전히 매출이 오르지 않았다. 심각한 위기에 봉착했다.

'왜 장사가 되지 않는 걸까? 무엇이 문제일까?'

뒤늦게 고심하기 시작한 내 눈에 비로소 여러 가지 요인들이 발견되었다. 당시 도넛은 유행에 너무 앞서가는 품목이었다. 더욱이 지방 소도시에서 도넛만으로 승부를 보기에는 무리이며 시기상조인 듯했다. 하나님의 사역을 위해 시작한 사업인데 더 어려움에 직면하게 되었다. 더 이상 도넛가게를 끌고 갈 수가 없었다.

업종 변경

심각한 상황에 놓인 도넛가게 해결책을 모색하던 중 우연히 김밥집에 들르게 되었다. 김밥 한 줄이 1,500원이었다. 김밥을 사 들고 나와 운전을 하는데 내 눈을 반짝이게 만드는 간판이 보였다. 김밥 가격이 1,000원이라고 쓰인 문구였다.

'나는 1,500원도 싸다고 생각하며 김밥을 샀는데, 저 집 김밥은 1,000원이라니⋯.'

나는 즉각 도로 가변에 차를 세웠다. 달려가 1,000원짜리 김밥을 사 들고 나왔다. 김밥 맛을 보니 1,500원짜리나 1,000원짜리나 별 차이가 없었다.

'역시 한국 사람에게는 김밥이 제격이야.'

이 생각이 머리를 스치는 순간 나는 김밥가게를 해야겠다고 맘먹었다. 당시 전국적으로 1,000원짜리 김밥을 판매하는 체인들이 막 생겨나고 있을 때였다. 우리 상황에는 김밥가게로 업종을 변경하는 것이 확실한 대안일 것 같았다.

다시 돌아와 건물주와 상담을 했다. 먼저 도넛가게로 계속 적자를 보고 있다고 말문을 열었다. 이 상태로는 도넛가게를 운영할 수 없으니, 업종 변경을 해도 되겠냐고 물었다. 건물주의 사무실이 4층에 있고, 그도 오고 가며 가게를 관심 있게 보고 있었기에 우리 형편을 잘 알고 있었다.

"그럼 어떤 업종으로 변경할 거지요?"

"김밥천국으로 바꾸고 싶어요."

"그래요? 사실 전에 '김밥나라'를 하겠다고 돈을 싸 들고 왔던 사람이 있었어요. 나는 김밥보다는 도넛이라는 아이템이 좋아서 조건까지 양보하며 당신에게 상가임대를 해줬던 건데, 지금 와서 업종을 변경한다니 과히 좋지는 않습니다. 하지만 사정이 그렇다니 어쩔 수 없지요."

건물주는 아쉬워하면서도 업종 변경을 허락해주었다. 즉시 김밥 체인을 문의하니, 생각보다 많은 돈을 본사에 지급해야 했다. 여러 곳을 알아보았지만 만만치 않게 돈이 들었다. 돈이 없는 관계로 나는 자체 김밥가게를 열기로 했다. 그날 이후부터 눈에 띄는 김밥가게는 모두 탐방했다. 하루에도 여러 김밥가게에 들러 김밥 맛을 보며 나름대로 평가와 분석을 해나갔다. 차별화된 김밥을 만들기 위해 재료 공급처와 집기류까지 알아내며 메모했다. 기본적인 준비가 다 끝났다.

이번에도 역시 문제는 업종을 변경할 자금이 없다는 것이었다. 셋째 동생을 만나 김밥가게에 대한 비전을 얘기하며 공동 운영방식을 제안했다. 김밥가게의 일부 인테리어 비용을 동생이 대고, 매달 내게 선교비 명목으로 은행 이자를 주는 조건이었다.

다행히 새로 오픈한 김밥가게의 첫날 매출은 예상했던 것보다 좋았다. 날이 갈수록 계속 매출이 올랐다. 한 달 매출을 정산해 보니, 기대 이상으로 높게 나왔다. 김밥가게로 업종 변경을 하면서 교회 은행 이자 문제가 해결됐다.

우리의 삶 속에서 너무나 놀랍도록 인도하시고 역사하시는 하나님의 은혜를 체험한 시간이었다. 처음부터 내가 김밥가게로 오픈한다고 했다면, 건물주는 내게 상가를 내주지 않았을 것이다. 도넛이라는 아이템이 상가 주인의 마음을 움직였기에 상가를 임대할 수 있었다. 그 배후에서 일하시는 하나님께선 이미 건물 주인의 마음을 알고 계셨다는 게 믿어졌다. 하나님은 이미 우리에게 주기로 작정하시고 우리 부부를 공주로 가게 하셨다. 그리고 그 뒤의 모든 일을 인도해주셨다.

하나님의 일하심은 사람의 계획과는 가히 비교할 수 없을 만큼 치밀하시고 원대하시다. 우리가 기도하며 하나님을 찾을 때, 하나님은 우리 기도를 들으시고 역사하신다. 때론 그 길이 고난의 길인 것 같지만 그 고난을 이겨내고 믿음으로 나아갈 때, 각자의 인생 여정에서 하나님은 항상 우리의 손을 잡아 주시며 기어이 축복의 대로로 이끄신다.

Chapter

02

교회 건축

교회 건축을 위한 재정적 대안 …

교회 건축설계 및 건축 착공 준비 …

도넛가게가 무산되다 …

각종 민원과 공사 방해 …

사방에서 욱여쌈을 당하다 …

교회가 준공되다 …

교회 건축을 위한 재정적 대안

교회 이자를 내는 문제가 해결되고부터 더 적극적으로 교회 성장을 위한 노력을 했다. 그러나 교회는 성장은커녕 그 자리에 멈춰있는 듯 느껴졌다. 복음 전도를 위해 매주 도넛을 만들어 사람들에게 나누어 주었다. 그럴 때마다 공통적인 질문이 들려왔다.

"이 교회가 어디에 있어요?"

신바람이 나서 교회 위치를 알려주면 다시 반문하기 일쑤였다.

"아, 그곳에 교회가 있었던가요?"

그런 말을 들을 때면 내심 의아했다. 교회의 위치가 그리 나쁘다고 생각하지 않았는데, 우리 교회를 왜 모를까 싶었다. 우리 교회는 조치원에서도 제법 장사가 잘 되는 마트 옆에 있었기 때문이다. 사람들이 마트에 자주 출입을 하니, 바로 옆에 있는 교회를 당연히 알아봤을 거라고 생각했다.

'왜일까?'

곰곰이 분석해 본 결과, 교회 성장의 장애물은 교회가 사람들의 눈에 띄지 않는다는 데 있었다. 우리 교회는 조립식 단층으로 지어진 건물이었다. 교회 앞 작은 소방도로를 건너면 마트가 있었는데, 교회 오른쪽으로 4층짜리 빌라들이 가로막고 있었고, 왼쪽으로도 오래된 4층짜리 빌라가 있었다. 평소에 교회에 관심이 없는 사람들이라면 그곳에 교회가 있는 줄 모르는게 당연했다. 교회가 성장하기 위해서는 양옆의 건물들보다 우리 교회 건물이 더 높아야 할 것 같았다. 그때부터 나는 교회건축에 대한 꿈을 꾸기 시작했다.

2006년 3월 중순부터 교회 건축을 놓고 집중 기도를 시작했다. 특히 양옆의 빌라보다 더 높이 건물을 올릴 수 있도록 간절히 기도하며 하나님의 지혜와 능력을 구했다. 하나님은 불가능을 가능케 하시는 분이심을 믿었다. 성도가 채 20명도 안 되는 교회에서 3층 이상의 교회를 건축하겠다고 하니, 주변에서는 나를 이상한 사람으로 보았다. 게다가 성도들도 믿지 못하는 분위기였다. 심지어 가깝게 지내던 목사님들께 교회 건축을 생각하고 있다고 했더니, 겉으로는 말하지 않지만 나를 허풍쟁이로보는 분들도 있었다.

그분들이 어떻게 보든 교회 건축을 꿈꾸던 나는 그 집념에 불타올랐다. 교회 건축에 필요한 재정을 어떻게 마련할까 고심하는 도중 도넛이 생각났다. 다시 도전해 보기로 했다. 도넛을 만들어 판매해 그 수익금으로 은행 대출이자를 해결하면 되겠다는 생각이 들었다.

그러던 중 모 대학에 갈 일이 생겼다. 학생이 8, 9천 명 정도 되는 종합대학이었다. 점심시간이어선지 학생회관에 학생들이 많았다. 그곳 상가엔 구내식당, 매점, 서점, 베이커리 등 여러 업체가 들어와 있었다. 그때 내 시선을 붙잡는 곳이 있었다. 베이커리였다. 문밖엔 빵 상자가 많이 쌓여 있었다. 잠시 지켜보는 동안에도 학생들이 끊임없이 빵을 사 들고 나왔다. 순간 이 대학에 도넛 카페를 차리면 되겠다 싶었다. 도넛과 커피가 대학생들의 취향에도 잘 맞을 것 같았다. 생각과 동시에 내 발걸음은 벌써 학교 내 비어있는 장소가 어디에 있는지 찾아 나서고 있었다. 학생회관 안을 이곳저곳을 돌아다니며 도넛 카페를 할 만한 장소를 물색했다. 한참을 찾던 중 비어있는 곳을 발견했다. 옆에 있는 가게에 들어갔다.

"옆 상가가 비어있는데, 혹시 이곳에서 장사하려면 어떻게 해야 합니까?"

나는 조심스럽게 물었다. 그분은 한 건물을 가리키면서 그곳에서 알아보라고 했다. 알려준 장소로 찾아갔더니 사무실에는 여직원 혼자 업무를 보고 있었다.

"학생회관 건물에 빈 곳이 있던데요. 그곳에서 장사를 하고 싶은데 가능할까요?"

"무엇을 하시려고요?"

"도넛과 커피를 판매하려고 합니다. 대학생들에게 도넛과 커피류가 잘 맞을 것 같아서요."

그러자 여직원이 내 이야기에 환한 미소를 지었다.

"비어있는 공간이니 무엇인가 할 수 있다면 학교와 학생들 모두에게 좋을 것 같네요. 수도권에서 오는 학생이 많은데, 등교 시간이 일러서 아침을 먹지 못하고 오는 학생들이 많아요. 학생들이 좋아할 것 같네요. 담당 부서에 제안해 볼게요. 연락처 좀 주세요."

3, 4일이 지난 후 여직원에게서 전화가 왔다. 담당 부서에 건의했는데, 얘기가 잘 안 되었다는 것이다. 나는 그 이유를 알고 싶어서 학교로 달려갔다. 그 사이 그 담당 직원은 다른 곳으로 전출을 갔단다. 불과 사나흘 전까지만 해도 이곳에 근무했던 분이 갑자기 전출이라니, 나는 몹시 당황스러웠다. 혹시 내 일로 인해 좌천된 게 아닌가 싶어 괜스레 미안해지고 마음이 불편했다. 여직원과 어렵게 통화가 되었는데, 그녀도 오히려 학교 방침을 안타까워했다.

그렇지만 이대로 물러설 수는 없었다. 그곳 대학에서 제법 영향력이 있는 지인 교수를 찾아갔다. 교회 건축의 비전을 이야기하며 이 학교에 도넛 카페를 운영하고 싶다고 했더니, 참 좋은 생각이라며 최대한 할 수 있도록 도와주겠다고 했다. 그날 이후 더 간절히 도넛 카페를 운영할 수 있는 문을 열어 달라고 기도했다. 도와주기로 한 지인은 여러 채널을 통해 적극적으로 알아

봐 주었다. 몇 주가 지났다. 대학으로부터 연락이 왔다.

"사업계획서를 준비해서 방문해 주세요."

열심히 준비해서 사업계획서를 제출했다. 그런데 2주가 지나도록 학교에서는 연락이 오지 않았다. 마음이 조급해지기 시작했다. 기다리다 못해 다시 지인에게 전화를 걸었더니, 일의 성사를 위해 학교 관계자들에게 여러 통로로 이야기를 나누고 있으니 기다려 달라고 했다. 며칠을 기다린 끝에 학교로부터 연락을 받았다. 긴장된 마음으로 찾아갔다.

"방학 기간에 모 학과 건물의 새 단장을 계획하고 있습니다. 학과 건물 1층에 도넛 카페를 계획하고 있으니, 담당 직원과 함께 도넛 카페를 운영할 설계 시안을 서로 검토해 봅시다."

오랜만에 날아든 희소식인지라 몹시 반가웠다. 담당 부서를 빠져나와 나는 새로 단장할 학과 건물로 향했다. 담당 직원을 만나 도넛 카페 자리 배치도에 관해 의견을 교환한 뒤 집으로 돌아왔다.

'하나님! 교회를 건축할 수 있게 길을 열어주셔서 감사합니다. 대학에 도넛 카페만 오픈하면 교회 건축으로 인한 재정적인 문제는 해결할 수 있을 것 같습니다.'

그날 이후 교회 건축을 위해 분주하게 움직이기 시작했다.

교회 건축설계 및 건축 착공 준비

우선 교회 건축설계를 전담해줄 설계사무소를 고르는 일에 착수했다. 건축설계는 하루아침에 완성되는 게 아니라는 말을 누차 들었기에, 건축에 대한 기도 제목을 품을 때부터 설계사무소에 대한 기도도 함께 하고 있었다. 그러던 중 대학원 동기 목사님이 교회 건축을 준비하고 있다는 소식을 접했다. 그 목사님은 자신이 아는 한 설계사무소의 업무능력을 칭찬하시면서 내게 그 업체를 소개해 주었다. 나는 곧바로 그 설계사무소와 업무협약을 맺고, 교회 건축 설계에 관한 본격적 논의에 들어갔다. 설계도를 수정·보완하는 과정에서도 우리는 여러 차례 미팅을 가졌다.

2007년 10월, 그동안 심혈을 기울여 완성한 건축 설계도가 나왔다. 처음 계획은 3층 건물로 지을 생각이었으나, 결국엔 총 300평 면적에 5층 건물로 올리기로 했다. 나는 즉시 해당 군청에 신청서를 제출했고, 10월 15일 마침내 건축허가를 받았다.

이번엔 시공사를 선정하기 위해 건축을 마친 교회들을 탐방하기 시작했다. 잘 지어진 교회가 있다는 소리를 들으면 즉시 찾아다녔다. 최종 시공사를 선정하기 위해 여러 곳의 건설회사와 조율에 들어갔다. 교회가 감당할 수 있는 재정에 맞춰야 했기에 쉽지만은 않았다. 많은 고심 끝에 2008년 2월 8일, 모 종합건설㈜과 '공사 도급 표준 계약서'를 작성하고 계약을 체결했다. 2008년 2월 25일 해당 군청으로부터 '건축물 착공 신고서' 허가를 받았다. 교회 건축에 앞서 기존 교회 건물 철거 작업이 시작되었다.

모든 것이 잘 되어 가는 것 같았다. 한데 이 건축 착공이 내게 혹독한 고난의 광야에 발을 내딛는 출발점이 될 줄 어찌 알았겠는가? 교회 건축은 엄청난 영적 전쟁이라는 말들을 나는 뒤늦게야 기억해냈다. 하나의 교회 건물이 세워지는 데에는 보이지 않는 세력과의 싸움이 치열하게 벌어졌다. 전혀 생각지 않던 일들이 마치 오락게임기의 '머리를 내미는 두더지'처럼 여기저기서 발생하기 시작했다.

교회가 철거되면서부터 주민들의 심상치 않은 움직임이 감지되었다. 친하게 지냈던 이웃들은 갑자기 적군이 되어 항의를 시작하더니 해당 기관에 민원을 제기했다. 교회 건축으로 인한 피해가 예상된다는 것이다. 그러더니 주민대책위원회를 만들었다. 주민대책위원회는 우리 교회에 피해 보상금에 관한 대책 회의를 열었다. 주민들은 교회 공사로 인한 소음과 먼지, 일조권 방해 등을 이유로 피해보상을 요구해왔다.

주민대책위원회 임원들과 교회 측과의 논의가 시작되었다. 교회 왼쪽 18세대 빌라 주민들은 한 세대 당 일천만 원씩 총 1억8

천만 원을 피해 보상금으로 제시했다. 나는 난감했다. 주민들의 요구대로 보상금을 줄 수 있는 형편이 아니었다. 가진 돈도 없었지만 거기서 끝날 문제가 아니었다. 교회 오른쪽 빌라에도 30세대나 살고 있었기 때문이다. 주민대책위원회 임원들과 절충안을 시도해 보았으나 피해보상금액에 대해 조금도 양보할 의사가 없어 보였다. 요구를 받아 주지 않으면 절대로 건축할 수 없도록 내일 당장 마을 입구를 막겠다고 했다. 교회에 가서 성도들과 의논할 시간을 가져야 하니 시간을 더 달라고 부탁했다.

2주 후 다시 주민대책위원회와 피해보상금 문제로 마주했다. 주민 대표 3인은 조금도 양보하지 않은 채 자신들이 제시한 피해 보상금을 지급하라며 강경하게 나왔다. 교회 형편을 사실대로 이야기해 보았지만, 내 말은 들으려 하지 않고 자신들의 주장만 계속 반복했다. 그날의 논의는 파행으로 끝났다. 그랬더니 그 다음날 마을 입구와 빌라에 현수막이 붙기 시작했다.

"30년 거주해온 주민을 무시하고 5층 건물허가를 내준 해당 군청은 각성하라!"

"30년 된 주민에게 피해를 주는 교회는 공사를 중단하라!"

어떤 주민은 술을 마시고 와서 고래고래 소리치며 공사를 방해했다. 자동차를 교회 입구에 막아 놓고 가는 사람도 있었다. 주민들은 자신들의 주장만으론 뜻이 관철되지 않자, 호시탐탐 건축을 방해할 빌미를 찾기 위해 매의 눈을 하고서 우리의 일거

수일투족을 지켜보고 있었다.

교회 옆에는 2평정도 되는 창고가 있었는데, 창고 지붕이 슬레이트로 덮여 있었다. 곧바로 그걸 문제 삼아 민원을 제기했다. 지붕을 덮고 있는 슬레이트는 특수 폐기물이라 전문 업체를 통해 철거 작업을 해야만 했다. 군청에서는 즉각 업체를 선정하고 철거 승인 절차를 받아야 한다며 공사를 중단시켰다.

나는 철거를 위해 계약을 맺은 폐기물 업체에 전화했다. 업체 사장은 자신들에겐 특수 폐기물 처리 면허가 있으니 걱정하지 말라고 했다. 다만 슬레이트 5, 6장을 처리하는 절차를 밟기 위해 14일 정도가 소요되고, 특수 폐기물이라 350만 원의 추가 비용이 더 들어간다고 했다. 주민의 민원으로 인해 잠깐 사이에 예정에도 없던 경제적·시간적 손실이 생겼다. 그러나 어쩔 수 없는 일이기에, 제기된 민원을 처리하고 난 뒤 나머지 철거 작업을 완료했다.

드디어 터를 파기 시작했다. 그러자 이번에는 땅에서 검은 흙이 나온다며 민원을 제기했다. 교회가 있던 자리는 오래전 대장간들이 밀집되어 있던 곳이라 검은 흙이 나왔다. 그것을 처리하는 데 또 상당한 비용과 시간이 소요되었다. 이번에는 빌라의 땅 경계를 침범했다고 경계 측량을 재요구하며 항의했다. 건축현장은 매일 주민들과 실랑이가 벌어지는 가운데 영적 전쟁터로 변해갔다. 주민들은 교회로부터 피해 보상금을 받아내기 위해 자신들이 사는 빌라 옥상에 올라가 공사 과정들을 감시했다. 끊임없는 압박 속에서도 바닥 공사가 완료되었고, 2층 건물을 올리는 과정에 있었다.

갑자기 주민대책위에서 만나자는 연락이 왔다. 다시 대책위원들과 마주 앉았다. 그들은 처음에 요구했던 피해 보상금에서 삼천만 원을 줄여, 총 일억 오천만 원을 달라고 했다. 교회 형편상 그만한 액수의 피해보상금을 지급할 여력이 없다고 했다. 대책위는 그 아래로는 한 푼도 내릴 수 없다고 완강하게 맞섰다. 성도들과 상의해 보겠다고 하고 다시 돌아왔다. 나는 곧바로 임시 예배당으로 향했다.

"하나님, 어떻게 하는 것이 현명한 것인지 가르쳐주세요."

하나님께 간절히 기도했다. 문득 협상 기간을 길게 끌면서 교회 건물을 지어야겠다는 생각이 들었다. 그 후에도 주민들과 피해 보상금 문제로 여러 차례 만났지만, 양측이 다 만족할 만한 협의는 이루어지지 않았다.

도넛가게가 무산되다

목회와 교회 건축으로 바쁜 중에도 도넛 카페 오픈을 위해 대학에도 수시로 방문했다. 새 학기 개강에 맞춰 도넛 카페를 운영할 수 있도록 하겠다고 약속을 받았기 때문에 개업 시간이 넉넉하지는 않았다.

그런데 학기가 시작되었는데도 학교에서는 아무런 소식이 없었다. 이제나저제나 학교에서 연락이 오겠거니 하며 기다렸는데 3월 중순이 되어가도 아무런 연락이 없었다. 도넛가게 준비와 교회 건축을 놓고 지혜를 모으기 위해 명성수양관으로 짐을 챙겨 들어갔다. 기도 중에 지인에게 전화해봐야겠다는 마음이 들어 기도가 끝나자마자 바로 전화를 했다.

"학기가 시작되었는데 학교에서 연락을 주지 않아 궁금해서 전화를 드렸습니다."

"그래요? 알아보고 연락 줄게요."

다음날 지인에게서 연락이 왔다.

"학생처장과 이번 주 목요일에 점심 약속이 있으니 곧 연락을 드리겠습니다."

약속대로 목요일 오후에 다시 지인에게서 전화가 왔다.

"아, 이를 어쩌죠. 도넛 카페를 못할 것 같다고 하네요…."

그는 낙담한 목소리로 전후 사정을 들려줬다. 2월 말경에 학교 미화원을 하던 분의 남편이 갑자기 세상을 떠났다고 한다. 그런데 미화원의 생활 형편이 너무 어려운 처지에 있기에 학교 노조 측에서 그분을 도울 방법을 찾았고, 마침 내가 하기로 했던 그 자리에서 매점을 할 수 있도록 허락해 달라는 제안서를 냈던 모양이다. 담당 부서에서 그곳은 이미 도넛가게로 내정이 되어 있다고 했는데도, 노조 측에서는 학교 내부 사람의 생계가 곤란한 처지에 있으니 그를 돕는 게 우선이라며 강력하게 요청을 했다는 것이다.

그 말을 전해 듣는 순간, 난 너무 어이가 없기도 하고 앞으로 일어날 일을 생각하니 막막한 마음에 얼이 반쯤 빠져 있었다. 전화를 끊고 수양관 앞 작은 바위에 앉아 한참을 맥없이 먼 산만 바라보았다. 그동안 많은 공을 들여 그 자리를 위해 노력한 결과물이 한순간에 날아가 버린 것이다. 사실 계약서에 서명만 하지 않았을 뿐 모든 것은 이미 구두로 약속되어 있었기에 찰떡같이 믿고 건축을 시작한 게 아닌가. 그런데 말도 안 되는 일이 벌어졌으니, 나로서는 '닭 쫓던 개 지붕 쳐다본' 격이 된 것이다. 앞이 캄캄해지면서 은행에서 대출받은 6억 1천만 원에 대한 은행 이자가 떠올랐다.

교회 공사는 시작했는데 계획했던 도넛 카페는 무산되었으니 그날부터 은행 이자 걱정으로 하루가 시작되었다. 돈에 대한 부담은 어떤 말로도 할 수 없는 압박감이었다. 시공사와의 기본 계약 이외에도 교회 성구, 에어컨, 음향, 영상, 인테리어, 도시가스, 수도 등 결재할 곳이 수두룩했다. 이 모든 일에 들어갈 경비는 수억 원에 달했다. 그렇다고 성전 공사를 포기할 수는 없었다. 게다가 주변에서 이상한 소문이 돌고 있었다.

첫 번째는 자금 부족으로 곧 공사가 중단될 것이라는 소문이었고, 두 번째는 건설회사의 부도로 공사가 중단될 거라는 흉흉한 소문이었다. 안 좋은 소문은 꼬리에 꼬리를 물고 더욱 멀리, 넓게 퍼져나갔다. 믿음의 사람들도 나를 바라보는 시선이 예사롭지 않았다. 나는 엄청난 스트레스를 받았다. 내게 직면해 있는 현실이 큰 산처럼 느껴졌다. 고지는 보이지 않고 겹겹으로 쌓여 있는 문제들은 해결될 기미가 없었다. 고난은 계속되고 몸과 마음은 지쳐 어찌할 바를 몰랐다. 실컷 울고 싶을 때도 있었다. 그렇지만 어떻게든 해결해야 한다는 책임감 때문에 버티고 견디며 하루하루 살았다. 무엇보다도 소문을 기정사실로 만들고 싶지 않았다.

당시 우리 교회는 성전 건축을 위해 전 성도가 40일 특별새벽기도회를 하고 있었다. 나는 새벽 기도 중 몇 차례나 대성통곡을 하며 기도했다.

"하나님, 이 긴 터널의 끝은 어디입니까? 언제 작은 빛이라도 보여 주실 겁니까? 저는 너무 힘들고 어렵습니다. 주님이 도와주시지 않는다면, 저 혼자의 힘으로 이 긴 터널을 빠져나갈 수 없을 것 같습니다. 지쳐 쓰러질 것만 같습니다. 주님, 저를 긍휼히 여기셔서 이 난관을 뚫고 나갈 수 있도록 역사하여 주옵소서."

얼마나 간절했던지 성도들이 있음에도 불구하고, 창피한 줄 모른 채 눈물과 콧물을 흘리며 흐느꼈다.

각종 민원과 공사 방해

　주민들의 민원이 계속되는 와중에도 건물은 한 층 한 층 올라갔다. 주민들은 건물이 올라갈수록 초조한지 하루가 멀다고 해당 기관에 민원을 넣었다. 그런 중에도 교회 건축은 계속되었다. 공사는 공사대로 진행되고, 주민대책위원회와도 협상을 이어갔다. 협상할 때마다 금액이 조금씩 줄어들기 시작했다. 일억 이천만 원으로 감액되더니 그다음 협상 때는 팔천만 원으로 감액되었다. 그래도 나는 감당할 수 없으니 더 고민해보겠다고 하고는 교회로 돌아와 더욱 하나님께 매달렸다.

　"하나님께서 역사하셔서 저 강퍅한 빌라 주민들의 마음을 움직여 주옵소서."

　내 기도는 거의 절규였다. 주민들은 이제 해당 지역을 넘어 과천 정부 청사 중앙환경분쟁조정위원회에 '일조권 및 조망권'과 관련된 피해보상 민원을 넣었다. 하루는 중앙환경분쟁조정위원회에서 우편물을 보내왔다. 개봉해서 보니 '일조권 및 조망권 관련 피해보상 민원'에 관한 실사를 하겠다는 내용이었다. 해당 기관에 전화를 걸었다. 본 민원은 영남대 모 교수에게 배당이 되었다고 했다. 바로 담당 교수와 통화를 시도했다. 전화상으로 문제가 해결될 것 같지 않아 직접 찾아뵙고 상의하겠다고 전했다. 담당자는 마침 수업이 없으니 내려와도 괜찮다고 했다. 즉시 영남대학이 있는 대구를 향해 운전대를 잡았다.

2시간을 달려가 담당 교수를 만났다. 나는 그동안 건축을 하면서 겪었던 민원의 문제를 모두 얘기했다. 또 교회의 어려운 형편도 털어놓았다. 거기서 하나님은 담당 교수의 마음을 움직여 주셨다. 교수는 우리나라의 '일조권 및 조망권'에 대한 문제를 상세하게 알려주었다. 그뿐 아니라 교회 건축 민원에 대한 해법까지 조언해주면서 연구실 문 앞까지 나와 배웅을 해 주었다.

"걱정하지 마시고 돌아가셔도 됩니다."

그 후 담당 교수는 주민대책위원회에 이렇게 회신을 보냈다.

'일조권 측정을 위해서는 시뮬레이션을 해야 하는데, 비용은 대략 이천만 원 정도 듭니다.'

주민대책위에서는 그 금액을 만드는 일이 쉽지 않았기에, 그 민원은 자동 폐기되었다. 그러자 주민들은 다시 도시건축과에 민원을 제기했다. 교회의 오·폐수관이 자신들의 땅을 침범했다며 또 다시 경계 측량을 요구했다. 해당 관청에서는 경계 측량 결과가 나올 때까지 또 건축 공사를 중단하라고 했다. 측량 민원에 대한 접수 및 현장 측량을 하기까지 여러 날이 걸렸다. 측량결과 오히려 빌라의 오·폐수관이 교회 땅을 침범한 상태로 묻혀 있었다. 빌라 측에서 더 이상 문제를 제기할 수 없었다.

한시름 놓고 있는데, 이번에는 공사 과정에서 교회가 빌라의 정화조를 건드렸다고 했다. 너무 악취가 나서 살 수 없다며 항의와 함께 민원을 넣었다. 빌라 건물은 지어진 지 30년이 넘는 건물이었다. 낡아 파손된 배관에서 악취가 새어 나오고 있었음에도, 적반하장이었다. 자신들의 요구는 하나도 받아들여지지 않는데 건축은 계속 진행되니, 화가 나서 몽니를 부리는 거였다.

나는 민원이 발생할 때마다 다른 일을 제쳐 두고 가장 먼저 해당기관의 담당자에게 달려갔다. 접수된 민원 내용을 들으면 즉시 문제 해결점을 찾아 적극적으로 민원을 처리해 나갔다. 어느 날 담당 공무원이 내 얼굴을 안쓰럽게 바라보았다.

"목사님, 전화만 주셔도 되고요. 큰 문제가 아니면 그만 찾아오셔도 됩니다!"

담당 공무원이 보기에도 이리 뛰고 저리 뛰어다니는 내가 측은하게 여겨진 듯싶다. 주민들은 지치지도 않는지 피해 보상금을 받기 위해 끊임없이 뭔가를 들고 나왔다. 18세대 중에는 크리스천도 있었고, 평소 나와 가깝게 지낸 사람도 포함돼 있었다. 그러나 금전적인 이익 앞에서 신앙의 양심은 찾아볼 수 없었다. 그들 역시 믿지 않는 사람들과 손을 잡고 성전 건축을 방해하는 일에 동참했다. 저분이 정말 신앙을 가진 분일까 싶었지만, 그들 역시 피해 보상금 앞에서는 별반 다르지 않았다.

사람들이 온갖 수단과 방법을 동원해 성전 건축을 방해하고 금전적 이익을 추구하려 했지만, 하나님은 문제가 발생할 때마다 개입하시고 지혜를 주셨다. 여러 통로를 동원하여 그 문제를 해결할 수 있게 역사하셨다.

사방에서 욱여쌈을 당하다

공사를 맡은 업체의 대표와 현장의 책임자들도 대개 신앙인들이었다. 그런데 그들이 건축하는 과정에서 보인 태도는 신앙인의 모습과 거리가 멀었다. 하나님의 성전을 건축하는 일인데 철근을 적게 넣기 위해 철근 간격을 속이기도 하고, 제거해야 할 목재들도 눈속임으로 덮어 버렸다.

한번은 2층 바닥 레미콘 타설 공사를 진행할 때였다. 레미콘 차량 3, 4대가 타설 작업을 하기 위해 대기하고 있었다. 그런데 기존에 약속했던 설계와 달랐다. 나는 수정을 요청했다. 현장소장은 공사를 진행해도 괜찮다며 일정을 재촉했다. 내가 다시 항의하자 자신들의 방법대로 공정을 해도 무방하다며, 아무것도 모르는 사람을 대하듯 일방적이고 고압적이었다. 원칙대로 해야 한다고 주장하다가 결국 그들과 설전을 벌였다. 난 화가 나서 건설사 대표에게 전화를 걸었다.

"이대로는 공사를 진행할 수 없으니 당장 현장으로 오세요."

건설사 대표는 내 얘기를 듣더니 현장소장을 바꿔 달라고 했다. 현장소장은 대표와의 전화를 끊고 나서야 내 요구대로 작업을 수정했다. 이 일이 있고 나서 나는 두 전도사를 매일 현장에 나가 있게 했다. 설계도면대로 공사를 진행하는지, 줄자를 가지고 다니면서 확인하고 사진과 비디오 영상도 찍어 두라고 지시했다. 그 후부터 다행히 공사는 설계도대로 진행되었다.

공사를 진행하다 보면 욕심이 생겨 좀 더 잘하고 싶은 마음이 든다. 그러다 보면 어쩔 수 없이 추가되는 공정들이 생길 때가 있다. 한데 설계도면에서 공정을 조금만 바꿔도 견적서의 비용이 확 올라가니, 더 요청하지 못하고 그만둘 때가 많았다. 때론 건설사에서 먼저 제안하는 경우도 있었다. 수도배관이 대표적인 사례다. 설계도면에는 수도배관이 동관으로 설계되어 있었다. 그런데 수도배관을 PVC 배관으로 교체하자고 했다. 난 생각해보고 결정하겠다고 했다. 최대한 돈을 줄여야 하는 상황이기에, 전에 종종 방문하던 건재사에 들렀다. 그 업체 사장에게 동관과 PVC관으로 교체했을 때의 장단점에 관해 묻고, 교체했을 때의 비용이 어느 정도 차이가 나는지 알아보았다. 그러고 나서 현장소장과 대화를 했다.

"소장님, 수도 배관을 교체할 때 공정과 비용 면에서 어느 정도의 차이가 나는지요?"

"금액에서는 차이가 없습니다. 다만 PVC 배관으로 했을 때 더 장점이 많습니다."

이미 내가 시장조사를 다 했는데, 현장소장은 내가 아무것도 모르는 줄 알고 거짓말을 줄줄 늘어놓았다. 그 문제로 논쟁이 벌어졌고 다시 다툼으로 이어졌다. 공사비용을 아끼려는 건축주(나)와 어떻게든 공사비용을 더 늘리려는 시공사와 대립하는 일들은 이후에도 여러 차례 발생했다.

한번은 천장에 에어컨 설치를 하는데, 에어컨 설치 공간에 인테리어 보강을 하는 문제로 시공사와 에어컨 업체 간에 여러 날 설전이 벌어졌다. 시공사는 에어컨 업체에서 설치 자리를 보강해줘야 한다며 500만 원을 요구했고, 에어컨 업체에서는 인테리어를 담당한 시공사에서 보강작업을 해 주어야 한다고 주장하고 나왔다. 양자 간에 팽팽하게 대립각을 세우더니, 어느 순간 그 추가 비용을 슬그머니 교회로 떠넘기고 있었다. 할 수 없이 건축비용을 아끼기 위해 나는 전도사와 함께 직접 보강작업을 했다. 알고도 속고 몰라서도 속으면서, 나는 건축이 진행되는 동안 그들과 마찰을 일으키지 않기 위해 가급적 인내했다. 그들의 '갑질' 태도에도 슬기롭게 응대하는 지혜가 필요했다.

겉으로는 강한 척 버텼지만, 그러는 사이 나는 내적으로 많이 지쳐 있었다. 성전을 건축하는 일은 정신적·육체적·영적으로 많은 에너지가 요구된다. 뿐만 아니라 수많은 업체를 상대해야 하기 때문에, 스트레스가 이만저만이 아니다. 그래도 모든 과정마다 하나님께서 함께해 주셨기에, 버티고 견뎌냈다.

교회가 준공되다

건축은 어느 한 공정도 순탄하게 넘어가는 일이 없었다. 시공사에서 건축비용이 부족하다며 교회에 일억 원을 더 요구했다. 그렇지 않아도 나는 재정 때문에 매우 곤욕을 치르고 있었다. 형제들에게 돈을 빌려다 충당하던 중이었다. 심지어 미국에 있는 장모님께까지 부탁해 공사비에 보태고 있었다. 이제는 이곳저곳에서 돈을 끌어다 충당하는 데에도 한계를 느끼고 있었다. 나는 건설회사에 계약 위반을 근거로 한 '내용증명'을 다음과 같이 보냈다.

1. 건설사와 신축공사 계약체결을 공사 시작 전 50% 선 지급하고 본 공사에 따른 준공 시까지의 공사비용은 건설회사에서 충당하기로 했습니다. 또 신축공사 완료 후 준공검사 후 은행대출을 받아 나머지 50%를 지급하기로 서약했습니다.

2. 그런데 건설사 측의 자금 사정과 공사 담당자의 미숙함으로 인해 공사가 지연될 뿐만 아니라 본 공사를 책임질 귀사의 책임자는 현장에 상주해 있지도 않았습니다. 이에 귀사에 시정할 것을 여러 차례 요청하였으나 시정되지 않아 공사 지연 및

정신적 피해를 겪고 있습니다. 따라서 즉시 시정해 줄 것을 요구합니다. 계속해서 일방적인 피해를 줄 경우, 부득이 법적 조치를 하겠으니, 서신을 받는 날로부터 바로 이행해 주시기를 촉구합니다.

그러나 자금이 돌지 않으니 공사는 지지부진하게 지연되었다. 할 수 없이 은행에서 추가로 일억 원을 대출받아 시공사에 전달해 주었다. 그런데 이상했다. 분명히 공사는 재개되고 거의 완공을 앞두었는데 무슨 일인지 시공사는 하도급 업체들로부터 공사비용 독촉을 받고 있었다. 하도급 업체 중에는 시공사가 아니라 건축주인 내게 찾아와 대신 갚아 달라고 독촉하는 이들도 있었다. 종국에는 수많은 하도급 업체가 내게 와서 빚 독촉을 했다. 그러더니 어느 순간부터 현장소장 및 실무자들이 모두 사라져 버렸다. 이들이 사라지고 전화를 받지 않자 하도급 업체들은 아예 대놓고 내게 공사비용을 청구하기 시작했다. 황당했다. 여건만 된다면 하청업체의 공사비용을 대납해주고 싶었으나 먼저 준공을 받아야 대출을 받을 수 있으니 대책이 없었다.

빌라 주민들과는 수 차례의 협상을 통해 삼천만 원으로 피해보상금에 최종 합의했다. 그러나 그 돈 역시 교회를 먼저 준공한 후에 다시 대출을 받아 주기로 했다. 그리고 문서로 써달라는 주민들의 요청으로 '지급각서'를 써주었다. 또한 물품 공급 업체들을 찾아다니며 시험성적서 등 준공에 필요한 서류들을 챙겼다. 준공을 받으려면 필수적으로 정원을 만들고 조경을 해야 했기에 조경은 직접 나무를 사서 해결했다. 모든 준비를 마친 후 해당 기관에 준공서류를 제출했다.

그런데 준공 감리에서 불합격을 받았다. 시정 조치가 몇 개 내려왔다. 다시 하나하나 챙기며 준공 감리를 위해 뛰어다녔는데 준공 허가를 받는 일은 정말 쉽지 않았다. 그 이유는 지역 텃세였다. 실제로 교회를 건축하는 지역에 있는 설계사무소에 맡겼어야 했는데, 타지에서 건축설계를 했다고 미운털이 박힌 것이다. 준공 감리에 합격하기 위해서는 기도하는 것 외에 방법이 없었다.

"하나님, 감리를 맡은 업체 사람들의 마음을 움직여 주세요."

저녁에는 오직 기도에 힘쓰고, 낮에는 분주히 준공을 받기 위해 뛰어다녔다. 드디어 2008년 10월 16일, 준공 감리에 최종 통과했다는 연락을 받았다. 나는 즉시 도시건축과 담당 공무원에게 전화했다.

"오늘 준공 감리에 통과되었습니다."

그도 자기 일처럼 기뻐했다.

"목사님, 그동안 고생 많이 하셨습니다. 제가 바로 처리하여 결재받도록 하겠습니다."

설계사무소 소장에게도 이 소식을 전했다.

"목사님, 그동안 고생 많이 하셨습니다. 감리사에게 서류를 받아 건축물대장에 등재하는 데는 일주일 정도 걸릴 거예요."

그런데 다음날 담당 공무원에게 전화가 왔다.

"목사님, 서류 다 처리했습니다. 오후에 건축 대장 떼시면 등재되어 있을 것입니다."

오후에 '건축물대장'을 떼어 보았더니 교회 건축이 등재되어 있었다. 서류를 들여다보고 있노라니 만감이 교차했다. 다시 설계사무소에 전화를 걸어 소식을 알려 주었다.

"오늘 건축물대장에 기재되었습니다."

설계사무소 소장이 깜짝 놀랐다. 자기가 10여 년 넘게 수많은 건축설계와 감리 감독을 해왔지만, 이렇게 빨리 처리되는 경우는 처음이라며 기뻐했다. 이 분 역시 내가 교회 건축으로 수많은 어려움과 민원에 시달린 것을 잘 알고 있었기 때문이다. 알고 보니 담당 공무원이 직접 나서서 서류를 들고 다니며 우리교회 일을 우선순위로 처리해 준 것이다.

하나님은 멋진 분이시다. 그동안 건축하면서 흘린 눈물과 고생을 기억하시고 한 방에 해결하심으로써 내게 위로와 치유를 선물해 주셨다. 건축을 통해 영적으로 많은 것을 깨닫게 해주셨다. 교회 건축 실무 과정을 통해 열린 창과 닫힌 창을 동시에 경험하게 해주셨다. 새로운 눈을 열어주시고 한층 더 성숙해진 자리로 나가게 이끄신 하나님의 은혜와 사랑에 감사를 드렸다.

Chapter

03

목회 위기

시행사와 하도급 업체의 소송과 압류 …

사택 경매과정에서의 반전 …

주민들과의 법정 소송 …

건축한 교회가 경매로 넘어가다 …

목회에 위기를 느끼다 …

교회와 사택의 강제집행 …

함께해 준 성도들 …

교회 이전을 통해 역사하시는 하나님 …

시행사와 하도급 업체의 소송과 압류

　어렵게 교회 건축을 완공했지만, 이런저런 잔금과 보상금을 지불할 일이 태산처럼 남아 있었다. 준공검사를 마치면 은행에서 추가 대출을 받아 시공사를 비롯해 그동안 건축을 위해 끌어 쓴 금전적인 문제를 해결하기로 했다. 교회를 담보로 최종 추가 대출을 신청하러 갔다.

　당시 전 세계 경제가 연쇄 부도와 파산으로 몸살을 앓고 있었다. 미국에서조차 대공황 이후의 최대 경제위기라고 할 정도였다. 그야말로 전무후무한 글로벌 금융위기였다. 그 여파는 한국까지 미쳤다. 정부는 10월 1일 자로 모든 은행대출을 금지했다. 교회 완공만 기다리던 모든 계획에 착오가 생긴 것이다.

　엎친 데 덮친 격으로 7억1천만 원에 대한 대출이자와 공사대금을 독촉하는 업체들은 이제 나 혼자 감당할 수준을 넘어가 버렸다. 자금 사정이 나빠지자 건축에 관련된 시공사와 현장에 일했던 업체들의 독촉과 강압이 더욱 드세졌다. 시공사는 직접 교회에 가서 받으라며 관련된 하도급 업체들을 모두 내게 보냈다. 미수금을 받기 위해 온 업체들은 20여 곳이 넘었다. 미수금이 적게는 몇 십만 원에서 많게는 수천만 원이었다. 매일 업체들에게 시달림을 당하느라 하루도 마음 편안히 잠들 수가 없었다. 규모 큰 교회를 지어 놓고 그 건물 때문에 힘겨워하며 하루하루를 보냈다.

6개월 정도 지나자 법원으로부터 등기우편이 날아오기 시작했다. 한두 군데가 아니라, 10여 곳에서 법원에 소장을 넣은 것이다. 눈을 뜨고 감는 시간은 모두 사람들에게 시달리고, 남는 시간은 소장에 대한 답변서를 제출하는 일이 다반사였다. 건축만 완료되면 교회는 성장할 것이라는 믿음은 이미 산산조각이 나고, 현실적인 걱정만 켜켜이 쌓여갔다.

'어떻게 하면 금전적인 문제를 해결하고 마음껏 목회할 수 있을까?'

막막했다. 숨을 쉬는 것 자체가 어려울 정도로 업체들의 횡포는 날이 갈수록 더해 갔다. 대금이 미납된 업체들 가운데 금액이 80만 원 미만인 업체는 매일 아침저녁으로 교회에 찾아와 일한 돈을 달라고 행패를 부렸다. 내게 온갖 욕설과 협박을 하며 교회사역에 지장을 주었다. 심지어 주일 예배 때 굴삭기를 가지고 와서 교회 입구에서 시위하겠다며 공사비를 달라고 협박하고, 매일 새벽 1시경만 되면 전화를 걸어 돈을 달라고 으름장을 놨다. 전화를 끊어도 소용이 없었다. 다시 전화를 걸어 시비를 걸었다. 사실 난 그 사람을 전혀 모른다. 하도급 업체를 선정하는 것은 전적으로 건설회사의 재량이었기 때문이었다. 시달리다 못해 건설회사로 전화를 걸었는데 아예 내 전화는 받지도 않았다. 대표와 상무, 현장소장, 총괄이사에게도 전화를 걸었지만 마찬가지였다. 급기야 건설사는 잠수했다.

특히 미장 공사를 하던 사장이 전화로 미수금을 재촉했는데, 나는 도저히 그 돈을 해결해 줄 수 없는 상황이었다. 그러자 이분이 작정을 하고 주일 아침 10시경에 교회에 와서 돈을 내놓으라며 목소리를 높였다. 예배 시간이 다 되어가고 있었다. 미장 사장은 돈을 주지 않으면 목사인 나를 죽이고, 자신도 죽겠다며 아예 교회 바닥에 드려 누웠다. 난감했다. 예배 시간이 다 되었으니 일어나시라고 일으켜 세우면, 더 바짝 엎드려버렸다. 나는 일으켜 세우려 하고 그분은 안 일어나려고 서로 옥신각신하는 사이 교회는 난장판이 되었다. 나는 그때 사람 애간장을 태운다는 것이 무엇인지 실감을 했다. 결국엔 지불 각서를 쓰고서야 겨우 진정되었다.

사택 경매과정에서의 반전

여러 업체가 법원에 '부동산 강제경매', '채권 가압류', '공사대금 지급명령', '채무자 감치' 등의 소장을 줄줄이 제출했다. 법원으로부터 우편을 받을 때마다 심한 스트레스를 받았다. 건설사의 연락 두절로 인해 업체로부터 계속 독촉에 시달렸다.

A업체가 법원에 '부동산 강제경매' 민사소송을 청구했다. 교회 준공 후 대출을 받아 결재할 생각으로 '미지급 잔금 2천3백76만 원'을 지급하기로 한 지불 각서를 써 준 것이 문제였다. 이것이 법원에서 받아들여져, 채무자인 내게 재산 상태를 명시한 재산 목록을 재산명시기일까지 제출하라고 했다. 근저당 채권 압류를 당한 것이다. 나는 대출을 받지 못했으니 돈을 줄 수가 없었다.

2009년 12월 18일, 법원 집행관들이 찾아왔다. 그리고 사택에 있는 가전제품과 집기류에 빨간 압류 딱지를 붙였다. 우리 부부는 그들이 집행하는 것을 멍하니 바라보고만 있었다. 그래도 감사한 것은 집행관들의 배려였다. 드라마에서 보았던 것처럼 가전제품과 집기류 전면에 빨간 딱지를 붙이지 않고, 보이지 않는 뒷부분이나 집기 밑에 딱지를 붙였다. 집행관들은 다 붙이고 나더니 공문을 주었다. 공문 내용에는 집행에 들어간 물건을 훼손하거나 도난 시 법적인 조치를 하겠다는 것이다.

그들이 돌아간 후 우리 부부는 망연자실하여 한숨만 쉬고 있었다. 빨간 딱지를 없앨 수 있는 것은 법원에 소장을 제출한 A업체에 연체료를 포함한 3천4백만 원을 지급하고 해지하는 것뿐이었다. 하지만 우리에게는 아무리 쥐어짜도 나올 돈이 없었다.

2009년 12월 29일, 법원으로부터 '동산경매 기일통지서'를 받았다. 매각일인 2010년 1월 8일 오전 11시부터 경매하겠다는 내용이었다. 법원 우편을 받은 그 날부터 우리 부부는 잠을 자지 못했다. 생활하는 데 필요한 세탁기, 냉장고, 밥솥 등 모든 가전제품과 살림 도구들이 없어진다고 생각하니 잠이 오지 않았다. 해결할 수 있는 길도 보이질 않았다. 이대로 다 날려버리면 어떻게 생활해야 하나 걱정이 앞섰다. 그러다가 경매 날짜가 돌아왔다. 우리 부부는 성전에서 하나님께 간절히 기도했다.

"하나님! 제발 오늘 집에 있는 물건들이 공매 처분되지 않도록, 입찰자 한 사람도 오지 않게 해 주세요."

떨리고 초조한 마음으로 시계를 보았다. 공매 시간이 30분 정도 남아 있었다. 기도는 했지만 어떻게 해야 할지 암담했다. 조금 있으니 1층으로 사람들이 모여들었다. 내려가 보니 '알뜰매장'을 운영하는 사람들이 경매로 넘어가는 살림이나 집기들을 낙찰 받으러 온 것이다. 조금 있으니 법원 직원과 A업체의 이 과장도 왔다. 우리는 모두 사택으로 올라갔다. 잠시 후면 공매 입찰을 시작할 터였다. 법원 직원이 아내에게 물었다.

"모든 가전제품과 집기류는 아내 분께 입찰가의 50% 가격으로 받을 수 있는 우선 자격이 주어집니다. 단, 입찰가 전액을 현금으로 내야 합니다. 압류 물건들을 입찰 받으시겠습니까?"

우리 부부는 서로 쳐다보기만 했다. 모든 가전제품과 집기류를 받고 싶은 마음은 간절했지만, 단돈 일만 원도 가지고 있지 않았던 우리는 모든 것을 포기할 수밖에 없었다. 법원 직원은 어떻게 할 것인지 재차 물었다. 그때였다. A업체 담당 이 과장이 집행관에게 잠시 시간을 달라고 했다. 그리고 우리 부부를 집 밖으로 데리고 갔다.

"입찰을 받겠다고 말하세요. 제 차에 돈이 있어요. 그걸 내드릴 테니 집으로 들어가지 말고 조금만 기다리고 계세요."

그는 급히 주차장으로 내려갔다. 기다리는 동안 집 안에서는 웅성거리는 소리가 났다. '알뜰 매장'에서 온 사람들이 법원 직원에게 빨리 진행하라고 재촉했다. 그런데 마음이 통했을까. 우리를 알지도 못하는 법원 직원은 압류된 물건들을 먼저 우리에게 주고 싶은지 최대한 시간을 끌어 주었다. 얼마 후 A업체 이 과장이 헐떡이며 돈을 가지고 와서 아내에게 건네줬다. 그렇게 해서 경매로 넘어갔던 모든 가전제품과 가구, 집기류 등을 건질 수가 있었다. 이 과장의 뜻밖의 배려가 눈물이 나도록 고마웠다.

우리 부부는 그날 있었던 모든 일을 아이들에게 조심스레 이야기해 주었다. 그런데 딸과 아들은 집에 압류 딱지가 붙여져 있는 걸 이미 알고 있었다고 했다.

"밤에 잠을 청하려고 누웠는데, 그날따라 잠이 오지 않는 거예요. 음악이나 듣자 싶어 오디오 전원을 켜려는데 손이 닿질 않아요. 그래서 그쪽으로 얼굴을 돌렸는데, 오디오 밑에 빨간색이 보였어요. 일어나 방에 불을 켜고 오디오 밑을 보았더니, 진짜 빨간 스티커가 붙어 있었어요. 설마 하고 거실 소파와 TV를 살펴보았는데, 전부 빨간 딱지가 붙어 있더라고요. 그 밤에 동생에게 이 사실을 얘기하고, 저희 둘이서 안방만 빼고 집안을 구석구석 다 살폈지요. 빨간 압류 딱지가 전부 다 붙어 있어서 놀랐어요. 부모님이 걱정하실까 봐 끝까지 내색하지 않기로 하고, 저희는 무릎 꿇고 함께 기도했어요."

딸과 아들이 경매 딱지가 붙어 있었다는 사실을 알고 있으면서도 부모님이 걱정하실까 봐 내색하지 않고 있었다는 말을 들었을 때, 우리 부부는 마음이 찡했다. 또 한편에선 어려운 상황 속에 처했을 때 바로 기도했다는 말을 들으면서 아이들이 대견해 보였다. 그날 밤 우리 가족은 하나님께 감사의 기도를 드렸다.

"하나님! 저희를 불쌍히 여겨 주세요. 저희는 아무것도 할 수 없습니다. 이 어려운 상황 속에서도 우리와 함께하시는 하나님, 우리의 형편을 잘 아시는 하나님께서 역사하실 줄 믿습니다. 무엇보다도 저희에게 직면해 있는 이 일들을 해결하여 주옵소서. 우리를 보호하여 주시고, 어떠한 상황 속에서도 지켜주실 줄 믿습니다."

하나님은 우리를 긍휼히 여기셔서 경매로 넘어가는 것을 막아 주셨다. 법원에 경매소장을 넣었던 A업체 이 과장이, 오히려 경매할 물건을 자기 돈으로 사 주었다는 것은 이성적으로 설명이 되지 않는 일이다. 이 과장은 우리 일로 인해 업체로부터 심한 질책을 받았다. 그가 이와 같은 일을 할 수 있었던 것은 하나님의 역사와 은혜가 아니고는 있을 수 없는 일이다.

영원한 사랑의 하나님을 신뢰하는 것만이 우리가 할 일이다. 하나님께서는 우리가 어떤 상황에 놓여 있을지라도 우리를 포기하지 않으시는 전능한 하나님이시기 때문이다.

주민들과의 법적 소송

주민들은 나를 상대로 피해 보상금 민사소송을 제기했다. 나는 기도하는 것밖에 달리 할 일이 없었다. 돈이 없으니 변호사를 선임할 수도 법무사를 선임할 수도 없었다. 오로지 하나님께 지혜를 구하는 것만이 내가 할 수 있는 일의 전부였다. 하나님은 상황마다 내게 지혜를 주셔서 모든 것이 유리하게 흘러가게 하셨다. 주민들과는 무려 1년 정도 법정 다툼이 이어졌다.

법원에 자료 제출이 여러 차례 이어진 후 나는 법정에 출두했다. 방청석을 가득 메운 주민들을 상대하며 나는 홀로 외로운 싸움을 했다. 주민들은 피해 보상금을 받아내기 위해 의기투합해 있었다. 그런데 금방이라도 승소할 줄 알았던 재판이 다음 기일로 미루어지는 일이 계속되니, 법정을 나올 때마다 내게 항의를 했다. 사실 법정 다툼은 마치 '다윗과 골리앗의 싸움'과도 같았다. 그들에겐 내가 써준 지불 각서가 있었던 것이다. 주민들은 당연히 자기들이 이길 거라고 생각했다. 그러나 법정에서 진행되는 상황은 주민들에게 유리하게 흘러가지 않았다. 주민들은 여러 지인과 다양한 통로를 통해 자문을 얻어 가며 다시 법정 싸움을 준비했다.

한번은 방청석에 있던 어떤 사람이 재판 과정을 관람하다가 손을 들었다. 처음 보는 사람이었다. 그는 다짜고짜 판사에게 주민 대표인 양 발언 기회를 달라고 요청했다. 나는 즉각 판사에게 중지를 요청했다.

"저분은 제가 전혀 모르는 사람이고 이웃 주민이 아니기에, 발언 기회를 주어서는 안 됩니다."

다행히 판사가 내 요청을 받아들여 그날 재판도 내게 유리하게 종료되었다. 방청석을 나오는데 한쪽에서 웅성거리는 소리가 들렸다. 조금전에 방청석에서 발언했던 그분이 주민들에게 재판을 이길 수 있는 방법론을 제시하고 있었다. 난 그분께 다가갔다.

"지역에서 꽤 영향력 있는 분 같은데 명함 한 장만 주십시오."

"저는 명함이 없습니다."

그러더니 그 자리를 빠져나가려 했다. 나는 길을 막았다.

"선생님, 성함이라도 알려 주십시오."

그는 입장이 난처한지 나를 피해 도망가듯 달아나 버렸다. 나중에 알고 보니 도의원이었다. 하나님께서 나와 함께하셔서 그들을 대응할 수 있는 지혜를 주셨던 것이다. 최종 판결은 소송 기각이었다.

그러자 이번에는 시공사가 나섰다. 시공사는 공사비를 받기 위해 온갖 방법으로 나를 몰아세웠다. 건설회사 부대표라며 나타난 사람은 건장한 사람들을 데리고 왔다. 공사비를 주지 않으면 현수막을 만들어 나를 지게차 위에 걸거나 자동차 뒤에 매달아 시내를 돌며 망신을 주겠다고 했다. 그리고 매일 새벽 2, 3시 사이에 전화를 걸어 온갖 욕설을 퍼부었다. 그 끈질긴 괴롭힘을 나는 고스란히 당했다.

어느 날 그 건설회사 부대표라는 사람이 다시 건장한 사람들을 대동하고 찾아와 '위임장'을 내밀었다. '교회의 토지와 건물 처분 및 금융권 대출 관련 일체의 업무, 매수자가 용도변경을 하는 것에 대해 시공사의 부대표에게 전권을 위임하며, 이후에 발생하는 일에 대해서는 법적으로 어떠한 이의도 제기하지 않을 것'이라는 내용이었다. 교회의 토지 및 건물에 대한 모든 권리를 포기하겠다는 '위임장'에 사인을 하라는 것이다. 한마디로 시공사가 모든 걸 뺏겠다는 것이다. 그 순간에도 우리가 할 수 있는 것은 기도뿐이었다.

건축한 교회가 경매로 넘어가다

그동안 공사 과정에서 겪었던 많은 곤욕은 오히려 별 게 아닐 정도로, 빚 독촉에 대한 압박은 거대한 파도처럼 숨통을 조여 왔다. 매일 수많은 사람으로부터의 시달리고, 매월 은행 이자를 충당하는 일들로 하루하루가 살얼음판을 걷는 것 같았다. 건물을 지어 놓으면 다 될 줄 알았는데 오히려 준공 후의 상황은 몇 배 더 무거운 짐이 되어 나를 짓눌렀다. 이젠 견디고 버티는 것도 한계에 이르렀다. 은행 이자가 3개월이나 연체가 되었다. 은행에서는 독촉장이 날아왔다. 은행 측에 상담을 요청해 내 사정을 의논했다. 그랬더니 은행직원이 조심스럽게 '경매'에 관한 얘기를 꺼냈다.

그러나 난 경매로 인해 피해를 겪을 사람들에 대한 걱정이 앞섰다. 내가 저지른 일이기 때문에 어떠한 상황이 온다 해도 나는 감당해야 하지만, '보증'을 선 두 사람은 무슨 죄란 말인가. 그들에 대한 걱정이 너무 커서 결정을 내리지 못했다.

"보증인들이 피해를 볼까 봐 망설여집니다."

그러자 은행직원은 그 문제를 해결할 수는 있는 방법도 제시해 주었다. 은행직원과 보증인들에 대해 충분히 논의하고, 그들에게 최대한 피해를 주지 않는 선에서 경매를 진행하기로 약속을 받았다.

2010년 9월 7일, 교회는 '경매'로 넘어갔다. 너무 헐값으로 낙찰되었다는 소식을 들었을 때, 내 마음은 갈가리 찢겨 나가는 심정이었다. 성전 건축을 통해 원대한 꿈을 펼치리라 기대하며 시작한 일은 온갖 고초를 치르고서야 허무하게 끝이 났다. 부흥의 날개를 활짝 펴고 힘차게 날갯짓을 하며 비상하고 싶었다. 그러나 날기는커녕 날개 한번 펴보지 못하고 바둥거리다 힘없이 날개가 꺾인 형국이었다. 할 수만 있다면 건축 이전으로 시간을 돌려놓고 싶었다.

경매 낙찰 이후에도 일주일 정도는 다시 수습할 기회가 남아있었다. 정말이지 그대로 끝내고 싶지 않았다. 어떻게든 다시 교회를 되찾고 싶었다. 그래서 경매에 낙찰된 분께 연락을 취해 만나고 싶다고 했다. 돌아온 답변은 싸늘했다. 그래도 포기할 수 없었다. 찾아가서 사정이라도 해보아야겠다는 생각이 들었다. 부산행 기차표를 구매한 뒤 전화를 걸었다. 받지 않았다. 경매를 받은 사람이 아들과 함께 공동으로 낙찰을 받았다고 하기에, 이번엔 아들에게 전화를 걸었다. 한참 뒤에 전화를 받았다.

"아버님이 제 전화를 받지 않으시네요."

"지금 멀리 가시고 안 계십니다."

"그러면 언제 오십니까? 제가 지금 부산행 가는 열차를 탔는데 12시 35분에 도착합니다. 아버님께 좀 전해 주세요."

"오셔도 아버지를 만나기 힘들 것 같습니다."

"집 주소를 갖고 갑니다. 오실 때까지 문 앞에서 기다릴 각오로 가고 있습니다."

대구역에 이르렀을 때 아들에게서 전화가 왔다.

"아버지와 통화가 되었는데, 시간 맞춰 부산역으로 오시겠답니다."

부산역에 도착하니 그분이 기다리고 있었다. 자리를 옮겨 식당에 들어갔다. 자리에 앉자마자 그분은 내게 물었다.

"미국에 가신다면서요?"

"네? 어디에서 무슨 말씀을 들으셨는지 모르지만, 저는 미국에 가지 않습니다. 어떻게 보면 아들뻘 되는 제가 큰 비전을 품고 성전 건축을 했는데 상황이 이렇게 되었습니다. 도와주세요. 경매로 인해 들어간 비용 보상은 해 드릴 테니, 경매 낙찰을 취하해 주십시오. 간곡히 부탁드립니다."

그러나 그 사람은 단호했다.

"경매취하는 기대하지 마세요. 법적으로 진행할 겁니다. 차라리 미국으로 돌아가시는 게 어떻습니까?"

조언 아닌 조언을 들으며, 이분께는 어떤 것도 기대할 게 없겠구나 싶었다. 그분은 부산역으로 향하는 나를 불러 세우더니,

만 원짜리 몇 장을 주면서 여비를 하라고 했다. 나는 받지 않고
집으로 돌아왔다.

"성전 건축을 통해 원대한 꿈을 펼치리라

기대하며 시작한 일은 허무하게 끝이 났다.

부흥의 날개를 펴고 힘차게 비상하고 싶었다.

그러나 날개 한번 펴보지 못하고 바둥거리다

힘없이 날개가 꺾인 형국이었다."

목회에 위기를 느끼다

2010년 12월 14일, 법원으로부터 등기우편을 받았다. 채권자로부터 부동산 인도 강제집행이 있으니 12월 23일까지 자진하여 교회를 비우라는 내용이었다. 이 기일까지 이행하지 않을 때는 강제집행이 이뤄질 것이며, 그 비용도 부담하게 될 것이라고 했다.

무려 2년여 동안 나는 최선을 다해 해결해 보려고 노력했다. 그러나 이젠 금전적으로는 물론 정신적 · 육체적으로 거의 탈진 상태에 놓이게 되었다. 그런데 9일 안에 교회와 살림집의 물건을 모조리 빼라는 통보까지 받고 나니 온몸에 힘이 쭉 빠졌다. 당장 어디로 가야 할지, 이전 비용은 어떻게 만들어야 할지 막막하기만 했다. 이제는 하나님께 기도할 기력도 없었다. 손을 놓고 있기에도 불안했으나, 그렇다고 딱히 어디에 도움을 요청할 데도 없었다. 고민 끝에 성도들에게 이 사실을 알리고 그들과 함께 해결방안을 논의하기로 했다.

2010년 12월 19일, 주일예배 후 전 교인과 함께 교회 문제로 논의할 사항이 있다고 광고했다. 예배를 마친 오후 2시 30분,

성도들이 한자리에 다 모였다. 나는 둥그렇게 앉게 한 다음 그 주에 법원으로부터 받은 등기우편 얘기를 꺼냈다. 어떻게 하는 게 좋을지 각자 의견을 나누자고 했다. 성도들은 아무 말도 하지 않고 고개만 떨구고 있었다. 나는 재차 성도들에게 무슨 말이라도 해 보라고 촉구했다.

그때 성도들 뒤에 숨듯 앉아 있던 한 분이 얼굴을 삐쭉이 내밀더니 입을 열었다. 그는 건축하는 동안 교회 일에 별로 관심도 두지 않았던 분이었다. 공사 기간 내내 한 번도 현장에 와 보지도 않았고, 교회 건축을 위해 전 성도가 40일 새벽기도회를 드릴 때도 전혀 기도에 동참하지 않은 성도였다.

"목사님! 목사님께서 이 자리에 계시면 말을 하고 싶어도 할 수가 없습니다. 자리를 피해 주시면 저희가 회의를 하고, 결과에 대해 말씀을 드리겠습니다."

순간 나는 당황스러웠다. 성도들의 동향을 살폈다. 그리고 그들을 향해 물었다.

"여러분들도 그렇게 생각하십니까?"

조금 전에 발의했던 분의 아내와 다른 한 분이 고개를 끄떡였다. 순간 묘한 감정이 일었다. 난 바로 자리에서 일어났다.

"그렇다면 우리 가족은 다 빠지겠습니다. 저는 여러분이 회의를 거쳐 내린 결정에 따르겠습니다."

아내와 함께 나는 모친을 모시고 그 자리를 빠져나왔다. 모친

께는 5층 사택에 계시라고 하고, 나는 아내와 함께 교육관이 있는 4층으로 올라갔다. 교육관에 앉아 있는데, 어쩐지 한 대 얻어맞은 느낌이었다.

"목사가 교회에서 쫓겨나는 게 이런 기분일 것 같아."

교회가 위기상황에 놓여 있는데 담임목사를 제외하고 성도들이 회의하여 결정한 사항을 따라야 한다니, 약간의 긴장과 함께 뭔지 모를 비감이 들었다. 과연 어떤 결정이 내려질까? 여러 감정이 교차하면서 기다리자니 시간이 굉장히 길게 느껴졌다. 얼마나 시간이 흘렀을까. 한 자매가 4층으로 올라왔다.

"목사님! 회의 끝났습니다. 성도들이 기다리고 있으니 2층으로 가시죠."

아내와 함께 내려갔더니 분위기가 무거웠다. 자리에 앉자 조금 전에 발언을 했던 분이 말을 시작했다.

"여러 가지 대안들이 나왔는데, 최종 결정을 본 것은 상가를 임대해 교회를 이전하자는 내용이었습니다."

그런데 상가 임대료나 보증금, 인테리어 등에 관한 구체적인 내용은 없었다. 난 당장 보증금 마련할 일이 걱정되었다. 며칠간 고민하다 또다시 넷째 동생에게 교회 사정을 말하고 조심스럽게 금전 얘기를 꺼냈다. 동생은 단번에 거절했다.

"대출할 돈도 없지만, 내 수중엔 보증금 1천만 원을 빌려줄 돈도 없어."

사실 동생은 건축할 때 이미 대출을 받아 두 차례나 내게 돈을 빌려주었다. 그뿐 아니라 마지막 준공검사를 받을 때도 1천만 원을 더 대출받아 주었다. 교회 준공을 받아야 대출을 받아 빌려준 자신의 돈도 받을 수 있었기에, 동생은 힘든 와중에도 추가 대출을 해서 돈을 빌려준 것이다. 그런데 교회는 경매로 넘어가고 자신이 대출해서 빌려준 돈도 받지 못하게 됐으니, 동생의 마음고생이 이만저만이 아니었다. 그런데 형이라는 사람은 염치불구하고 또 대출 부탁을 한 것이다. 이래저래 말도 안 되는 상황이었다.

자진해서 교회를 비워줘야 할 날짜가 되었다. 그러나 아무것도 진행된 것이 없었다. 나름대로 상가를 알아보고 있었지만, 보증금이 마련되지 않은 상태여서 모든 게 불투명했다. 난 주일예배 후 사무 처리를 위해 직분자들을 불렀다. 그리고 보증금에 관한 말을 꺼냈다. 그 누구도 1천만 원을 마련하겠다고 자원하는 이가 없었다. 한참 후 한 권사님이 입을 열었다.

"목사님 동생분에게 대출을 부탁해 보면 어떨까요?"

난 그동안 동생과 있었던 과정에 대해 전부 말을 해 주었다.

"그렇지만 돈을 구할 수 있는 곳이 동생밖에 없으니, 한 번 더 얘기해 보세요. 대화 자리를 마련해주시면 저희가 부탁을 해 볼게요."

나는 동생과의 식사 자리를 만들었다. 그랬더니 동생이 뜻밖의 얘기를 했다.

"알았어요. 성도들을 믿고 다시 대출을 받아보도록 하겠습니다."

동생의 도움으로 보증금 1천만 원이 준비되었다. 2010년 12월 30일, 상가임대를 얻었다.

"교회와 살림집의 물건을
모조리 빼라는 통보를 받고 나니,
온몸에 힘이 쭉 빠졌다.
당장 어디로 가야 할지,
이전 비용은 어떻게 만들어야 할지
막막하기만 했다."

교회와 사택의 강제집행

2011년 1월 중순 아내와 함께 이전할 교회 마감 공사를 하고 있었다. 그때 한 통의 전화가 걸려왔다.

"법원 직원입니다. 지금 교회에 계시나요?"

"교회에 없는데, 무슨 일입니까?"

"집행하러 왔는데, 지금 오실 수 있나요?"

그때 나는 정신없이 일하느라 얼떨결에 "네" 하고 말했다. 무심결에 반응한 내 대답이 얼마나 큰일이었는지 그때는 알지 못했다. 오후 4시경에 학교에 갔던 아들에게서 전화가 왔다. 다급한 목소리였다.

"아빠, 큰일 났어요. 우리 교회에 모르는 사람들이 와서 교회 짐을 차에 다 싣고 있어요."

아들의 목소리가 심하게 떨리고 있었다.

"진정하고 자세히 말해봐."

아들의 얘기에 따르면, 동네 사람들은 다 나와 구경을 하고 있고, 빌라 옆 차도에는 화물차 여러 대에 교회 짐이 실려 있으며, 많은 사람이 교회 짐을 끌어내려 화물차에 싣고 있다는 것이다. 그 말을 듣는 순간 가슴이 철렁 내려앉았다. 아들에게 교회 상황을 잘 살피라고 말하고 아내에게 전했다. 아내는 심한 충격에 얼굴이 일그러지더니 빨리 교회에 가 보자고 했다.

이제 모든 것이 끝나버린 것만 같았다. 집행이 이루어지고 있는 현장에 가면 더 망신만 당할 것 같았다. 충격에 휩싸인 아내를 차에 태우고 될 수 있는 대로 교회에서 먼 곳으로 무작정 차를 몰았다. 아무 생각이 없이 그냥 무작정 멀리 가고 싶었다. 다시 아들에게서 전화가 왔다.

"작은 화물차가 20대쯤 돼요. 1층에서 3층까지 한 개의 짐도 없이 다 치웠어요. 지금은 4층의 짐을 내리고 있어요."

난 아들에게 이전할 교회로 먼저 가서 그곳에 있으라고 했다. 그 날이 수요일이었다. 예배 시간에 맞춰 겨우 신축한 교회로 차를 몰았다. 교회 입구에 들어서니 조용했다. 주차장에 차를 세우고 안으로 들어갔다. 입구 게시판에 한 장의 공고문이 붙어 있었다.

'오늘은 차량과 시간이 부족해 다음 날 오전 10시에 5층을 집행하겠습니다.'

1층에 있는 카페테리아를 비롯해 4층까지는 같은 공문과 함께 아무것도 없이 깨끗하게 비어있었고, 문은 자물쇠로 굳게 잠겨 있었다. 입구 문에는 '훼손하거나 자물쇠를 파손할 시 법적 책임이 있다.'라는 공고문이 붙어 있었다.

태어나서 처음 겪는 일이었다. 머리가 지끈지끈 아팠다. 당장 사택의 짐을 어떻게 해야 할지를 몰랐다. 법원 집행관에게 며칠간의 말미를 달라고 부탁하기 위해 공고문에 있는 연락처로 전화를 했다.

"예고도 없이 갑자기 당하는 일이라 어찌해야 할지 모르겠습니다. 며칠만 시간을 주십시오."

"저는 집행관일 뿐, 저에겐 어떤 권한도 없고, 채권자가 법적으로 진행한 상황이라 어쩔 수가 없습니다. 아이들이 학생인 것 같은데, 우선 급한 대로 공부할 책과 입을 옷을 챙기세요."

무척이나 당황스러웠다.

"집행관님, 당장에 갈 곳이 없는데 오늘 밤엔 어디에서 잠을 자며 어떻게 살라고 그러십니까? 며칠만이라도 시간을 주어야 살 집을 마련하지 않겠습니까? 집행을 며칠만 더 미루어 주십시오."

아무리 사정해도 어쩔 수 없다는 말과 내일 아침에 남은 집행이 이루어진다는 말뿐이었다. 그날 밤 성도들과 함께 우선 입을 옷과 덮고 잘 이불, 아이들이 공부할 책들을 상가 교회로 이전했다. 그날 이후 나는 그토록 고생해서 건축한 교회 건물에 단한 번도 들어가 보지 못했다.

함께 해준 성도들

교회가 위기에 처할 때 알곡과 가라지를 구별할 수 있다고 한다. 성도든 목회자든 어려움에 처할 때 그 사람의 진 면모를 보게 된다.

사실 우리 교인이 아닌 다른 사람들은 교회 건축과정에서 일어난 엄청난 일들을 알지 못한다. 하나님의 성전을 건축하는 일에 얼마나 힘든 영적 싸움이 개입하는지 직접 겪어보기 전에는 상상도 할 수 없을 것이다. 그들은 단지 눈에 비친 것만을 가지고 교회를 향해 비난을 해대며 온갖 나쁜 소문을 퍼뜨렸다. 그뿐만 아니라, 나를 실패자로 몰아세우며 사단이 좋아하는 일에 장단이라도 맞추듯 수군대는 거였다.

교회 밖에서도 이상한 유언비어가 떠돌았다. 순식간에 작은 지역에 소문과 소문이 전해지면서, 믿지 않는 택시 기사들까지도 우리 교회에 대한 안 좋은 얘기를 흘리고 다녔다. 손 목사네 교회는 이제 끝났으니, 이참에 자기 교회로 데려가겠다며 성도들에 대한 회유와 획책이 이어졌다. 믿는 자로서의 품격은 눈을 씻고 봐도 없었다. 오직 먹이를 찾아 헤매는 하이에나 그 이상도 이하도 아니었다.

그런 가운데서도 내가 꿋꿋하게 버틸 수 있었던 것은 두 가지 이유에서였다. 첫째, 사랑하는 아내와 아이들이 있었기 때문이다. 둘째는 유혹의 소리를 물리치고 끝까지 믿어주고 함께 해준 성도들이 있었기 때문이다. 다른 곳에서는 위축이 되었지만 적어도 우리 성도들 앞에서는 자신감을 잃지 않고 고난의 시간을 보낼 수 있었다.

무엇보다도 교회 건축과정을 처음부터 끝까지 함께하며 기도해 주었던 성도들이 내 진실을 알아주는 것만으로도 큰 위로가 되었다. 그들이 있었기에 오늘의 내가 있는 것이다. 그들이 없었다면 난 목회를 계속 이어갈 수 없었을 것이다. 감사하게도 모든 성도가 교회 건축의 결과가 좋지 않음에도 나를 비난하지 않고 오히려 안타까워했다.

어느 한 자매는 남편이 사업실패로 인해 개인 파산의 과정에 있었음에도 불구하고, 자신이 교회에 작은 것이라도 헌신하겠다고 했다.

"목사님, 교회에 필요한 것이 있으면 말씀해 주세요."

"그 마음만으로도 저는 감사할 뿐입니다."

그 성도는 기어코 신용카드를 꺼내 10개월 할부로 간판을 설치해주었다. 또 다른 성도는 자신의 동역자와 함께 교회에 장의자를 설치하는 꿈을 꾸었다며 전체 장의자를 마련해주었다. 다른 성도 가정에서는 성전 인테리어를 맡아 헌신해 주었다. 또 다른 성도 가정은 강대상을 맡아 주었다. 이렇게 성도들이 각자 교회에 필요한 물품 등을 자발적으로 책임져주어서 우리는 부족함 없이 상가 교회로 이전하게 되었다.

한 번은 오래돼서 낡은 교회 차량에 고장이 크게 발생했다. 그전에도 차량을 수리하는 일이 빈번하긴 했지만, 그 날은 엔진에 문제가 생겨 수리비가 차량 가격보다 더 나오게 되었다. 그때 한 성도가 나서서 차를 새로 사고 성도들 각 가정이 매월 작정 헌금으로 분담하자는 안건을 냈다. 그 날로 낡은 차를 처분하고 즉시 중고차를 새로 구입했다. 차량 구입비도 1년 만에 모두 갚았다. 교회 차 하나를 바꿨을 뿐인데, 주변에서 바라보는 시선이 달라진 것을 느꼈다. 재기 불능상태라고 예단했던 교회에서 성도들이 마음을 모아 차를 바꾸었으니, 그때 비로소 우리 교회의 결속력과 화합의 분위기를 믿는 눈치였다.

그런데 새로 구입한 중고차가 자주 문제를 일으켰다. 나중에야 알게 된 사실이지만 애초에 문제가 있었던 자동차였다. 어느 날 아침, 차량에 이상 징후가 보이기 시작하더니 조수석 앞부분에서 하얀 연기가 올라오고 빨간 불빛이 보이기 시작했다. 급히 차량을 한적한 갓길에 세웠다. 차가 멈춤과 동시에 차 앞 본체에서 불길을 솟아오르고 있었다. 곧바로 119에 전화를 했다. 소방차 사이렌 소리가 들려올 즈음, 이미 차체는 화염에 휩싸여 있었다. 전소된 차량은 폐차장으로 보내졌다. 다행히 보험회사에서 1,000만 원 정도의 보험금을 지급할 예정이라고 했다. 주일 예배 때 차량 전소 사건을 얘기했다. 예배 후 임시 회의가 열렸다. 성도들은 중고차는 믿을 수 없으니 서로 협력하여 새 차를 구입하자고 제안했다. 전 성도들과 마음을 합해, 교회를 개척한 이래 처음으로 새 차를 구입하게 되었다.

하나님께 참으로 감사했다. 교회 경매로 인해 쫓겨날 상황인데도 누구 하나 좌절하지 않고 서로 내 일처럼 헌신하는 성도들의 모습에 가슴이 벅차올랐다. 최악의 상황에서 끝까지 자리를 지키며 헌신하는 성도들을 바라볼 때마다, 맘속에서 우러나는 감사와 감동으로 두 손에 절로 힘이 생겼다.

위기를 맞으면서 사람의 겉과 속이 얼마나 다른지 확연하게 볼 수 있었다. 학문으로 배울 수 없는 수많은 것들을 인생의 밑바닥까지 내려갔을 때, 마치 손으로 만지듯 확연히 알 수 있었다. 평소에는 누구나 좋은 사람이 될 수 있고, 멋있는 사람도 될 수 있다. 또 믿음의 말로 근사한 위로를 얼마든지 건넬 수 있다. 그러나 이런 일을 통해 인간의 본성이 어떠한지 또렷이 보게 되고, 배우며 깨닫는 기회가 되었다. 수많은 일을 겪으며 나아가는 내게 하나님께선 신앙의 성숙과 함께 인생을 새롭게 바라보는 눈을 열어주셨다. 평생을 목회자로 살아간다 해도 진정 고난의 밑바닥을 경험하지 않고서는 알 수 없는 영적 세계를 깊이 깨닫게 해주셨다.

그러하기에 신앙인에게는 고난이 축복이다. 위기가 성숙의 자양분이다. 아픔이 회복으로 이끄는 서광이다. 슬픔이 기쁨의 원천을 맛볼 기회이다. 미약한 이 종을 사랑하셔서 귀한 것을 보게 하시고, 목사로서 사역의 우선순위가 무엇인지를 깨닫게 해 주신 하나님께 감사드린다. 귀한 성도들과 함께할 수 있음에, 고난의 여정 속에서도 든든히 함께해 준 가족이 있음에 감사하고 감사하다.

해가 갈수록 교회는 안정되어 가고 있다. 외부에서는 우리 '희망찬 교회' 성도들의 헌신을 보고 부러워했다. 모든 성도가 교회 일을 위해 한마음으로 서로 짐을 지며 세워가는 모습이 아름답다. 비록 성도의 숫자는 작지만 우리는 결코 작은 교회가 아니다. 각 개인으로는 연약하지만 서로 협력할 때 어떠한 교회보다 큰일을 해낼 수 있는 저력이 있다. 지금도 날마다 행복해하며 감사하는 내 목회 원천은 단연 우리 성도들이다.

교회 이전을 통해 역사하시는 하나님

불가피하게 다시 교회를 이전해야 하는 상황이 되었다. 막상 교회를 이전하려고 하니 막막하기만 했다. 교회 이전에 필요한 보증금이 없었기 때문이다. 상가 교회로 이전해 오기 위해 겨우 만든 보증금을 월세로 다 까먹고 있었다. 상가 교회로 이전해 수년 동안 버티는 과정에서 보증금은 이제 한 푼도 남아 있지 않았다. 건물주는 연말까지 교회를 이전해 달라고 했다.

"한겨울에 어디로 이사를 합니까? 최대한 알아보기는 하겠지만, 해를 넘겨 3월까지 말미를 주십시오."

교회를 이전해야 하는데 성도들에게 입이 떨어지지 않았다. 아내와 함께 기도하는 것밖에 뾰족한 수가 없었다.

"하나님! 교회를 옮길 수 있는 길을 열어주십시오. 교회를 옮기는 것이 중요한 것이 아니라 교회가 이전되었을 때 성장할 수 있는 곳으로 푯대를 옮길 수 있게 해주세요."

성도들과 교회 이전에 대한 의견을 합의하고 부동산을 통해 이전할 장소를 물색했으나 우리의 형편에 맞는 곳은 없었다. 그러다가 우연히 세종 신도시에 일이 있어 갔다가 한 건물에 붙은

임대 현수막을 보았다. 바로 전화를 걸었는데 내가 생각했던 것보다 훨씬 임대료가 저렴했다. 성도들에게 모든 상황을 알려주었다. 교회 이전이 확정되었다.

난 성도들에게 기존에 쓰던 교회의 성구, 장의자, 강대상 등 모든 물품은 우리보다 어려운 교회가 있으면 전부 기부하겠다고 했다. 그 말을 들은 성도들이 놀라는 기색이었다. 그렇지 않아도 재정이 부족해 제대로 인테리어를 할 수 있을지 의문이 드는 상황에서, 기존의 물품들을 최대한 활용해도 힘들 지경인데 필요한 교회가 있다면 전부 기부하겠다고 하니 기가 막힐 일이었다. 간혹 염려하는 얘기도 있긴 했다.

"목사님이 어떻게 감당하시려고 저러시는지 모르겠어."

그러나 내겐 하나님이 함께하실 것이라는 확신이 있었다. 우리의 믿음대로 하나님은 교회 이전에 관해 놀랍도록 역사하셨다. 사람의 이성으로는 감당할 수 없는 상황이었는데도 모든 일을 이룰 수 있도록 하셨다. 더욱 놀라운 사건은 교회가 세종 신도시로 이전하는데 한 사람도 떠나지 않고 전 성도가 함께 예배를 드릴 수 있게 하셨다는 것이다. 사실 교회를 이전하는 과정에서 혹여 함께하지 못할 것 같은 성도가 있어 염려하고 있었다. 난 그 성도와 식사 자리를 마련했다. 그런데 뜻밖의 말이 성도로부터 흘러나왔다.

"전 걱정하지 마세요. 저는 목사님께서 어디로 결정을 내리시든 무조건 함께하겠습니다."

그 말이 얼마나 감동이었는지 모른다. 정말 고마웠다. 어떠한 상황이든 믿고 함께 하겠다는 그 한 마디가 내겐 큰 위로와 기쁨이 됐다.

이제 개척을 한 지 19년 차에 들어섰다. 지금의 성도들은 나와 인연을 맺고 신앙생활을 한 지, 짧게는 14년에서 18년이 되어간다. 교회를 건축하는 과정뿐 아니라 온갖 시련을 함께 헤쳐 나온 소중한 성도들이기에, 구구하게 말을 하지 않고 주기적으로 심방을 하지 않아도 서로를 향해 신뢰 관계가 형성돼 있는 우리 교회의 보석들이다. 신도시로의 이전 과정에서도 성도들은 자발적으로 헌신해 주었고, 우리의 예상을 뛰어넘는 채우심으로 하나님께선 일체감을 경험하게 해 주셨다.

"우리 교회는 큰 장점이 있습니다. 어려운 상황이 발생하면 불평하고 모르쇠로 일관하는 것이 아니라, 한마음이 되어 지혜를 구하고 모든 책임은 서로 함께 나누어지는 모습입니다. 소중한 성도들이 있어 목회의 보람을 느끼게 해주시니 감사합니다."

Chapter
04

벼랑 끝에서
지속가능한
목회로

고난 중에 있는 자에게 보내는 주위의 시선들 …

신용카드 천사 …

일할 수 있어 행복하다 …

길에서 드리는 기도 …

노점의 더위와 추위를 껴안고 …

이렇게 하는 것이 맞다는 생각이 들어! …

'수잔 도넛 & 커피' 매장을 오픈하다 …

월 매출 1,500만 원 기록 …

고난 중에 있는 자에게 보내는
주위의 시선들

실패하거나 망하는 일도 내 마음대로 할 수 있는 건 아니었다. 내 마음을 아프게 하는 일들은 실패한 일 자체보다 실패 후에 더 많이 일어났다. 큰 사건을 겪은 후 나는 우리 교회 성도들과 채권자 외에는 외부 사람과는 거의 만나지 않고 지냈다. 더 엄밀히 말하면, 내게 찾아오는 사람도 없고, 만나서 식사하자는 사람도 없었다. 아예 전화 한 통 걸려오지 않은 날도 적지 않았다. 일정 기간을 마치 유배당한 사람처럼 혼자서 외롭고 처절한 날들을 이어갔다.

그동안 나와 친분이 있고 좋은 관계를 맺어온 사람들도 나를 따가운 시선으로 바라보았다. 차츰 사람을 만나는 일이 두려워졌다. 정기적인 모임에 참석하는 일조차 내적으로 갈등이 일었다. 나를 바라보는 사람들의 시선과 언행에 위축이 되고 스스로 상처를 받는 일이 많았다. 다시는 참석하고 싶지 않을 정도로 심한 모욕감을 느끼기도 했다. 왠지 죄인 아닌 죄인이 되어 잔뜩 움츠러드는 나를 보았다. 곤경에 처한 내게 누구 하나 어떻게 지내느냐고 묻는 이가 없고, 오히려 내게 에둘러 모멸감을 주기까지 했다.

한번은 내가 속해 있는 목회자 모임에서 해외 선교여행을 준비하고 있었다. 이미 공동경비가 많이 적립돼 있어서 적은 금액으로 갈 수 있는 기회였다. 모두 가고 싶어 했다. 그들은 이 문제를 화기애애하게 논의하면서 어떤 일이 있어도 함께 가자고 서로 의기투합했다. 자리를 옮긴 식사 자리에서도 이야기는 계속 이어졌다. 그런데 나와 한 테이블에 앉아 있는 이들 중 누구 하나 내게 같이 가자고 권면하는 사람이 없었다. 오히려 내 심기를 건드리는 말을 하며 은근히 무시했다. 그 상황들을 지켜보는 나는 속이 치밀어 올랐으나, 어떤 항변도 못 하고 죄인처럼 밥만 먹었다.

당시의 나는 모든 것을 잃고 빚까지 짊어진 상태이니, 그들의 눈엔 내가 재기 불능자로 보였을 것이다. 살면서 실수나 실패를 하게 되면 사람들에게 약점이 잡히고, 조롱의 대상이 되며, 그들에게 먹잇감이 돼버린다는 걸 뼈저리게 느꼈다. 예수님의 가르침을 받들어 이웃사랑을 실천한다는 교계의 커뮤니티에서 경험한 일이기에, 나는 적잖이 충격을 받았다. 그들은 나의 존재에 대해 아예 투명인간 취급을 했다. 그들은 내가 버려졌다고 생각하는 듯했다. 하나님을 믿지 않는 사람들도 이러지는 않을 거라 여겨졌다. 오히려 하나님을 모르는 자들이 더 하나님에 대한 경외감을 갖고 있다고 느껴질 정도였다.

나는 다섯 형제의 맏이다. 당시만 해도 동생들은 신앙생활을 하지 않았다. 어머니는 자식들을 볼 때마다 '더 늦기 전에 예수님을 영접해야 한다'고 신앙을 권면하셨다. 넷째 동생도 그 가운데 한 사람이다. 어머니가 교회에 출석하라고 하면 동생은 토씨 하나 틀리지 않고 이렇게 말했다.

"형한테 돈부터 갚으라고 해요. 그러면 교회에 다닐게요."

가족들이 모여 저녁 식사를 한 적이 있다. 식사를 끝내고 형제들은 다 흩어져 각자 집으로 갔고, 넷째 동생과 나는 함께 어머니를 집에 모셔드렸다. 어머니를 내려드리고 집을 막 나서려고 하는데, 동생이 차 안에서 얘기 좀 하자고 했다. 마음에 걸리는 일이 많아 순간 움찔하고 있는데, 동생이 갑자기 버럭 소리를 질렀다.

"형은 실패한 인생이야!"

내게 은행대출을 받아 빌려준 돈을 받지 못해 불만이 쌓여 있다 폭발한 것 같았다. 난 동생을 쳐다보며 담담한 어조로 물었다.

"네가 보기에 내가 실패한 사람처럼 보이냐?"

"응, 그래!"

이번엔 더 차분하고 담대하게 말했다.

"너, 사람 잘못 봤어. 네가 보기에는 형이 실패한 인생으로 보이겠지만, 난 실패한 인생이 아니야. 앞으로 지켜봐라. 내가 믿는 하나님께서 어떻게 역사하시며, 어떻게 축복하시는지 반드시 보게 될 거야. 난 실패한 인생이 아니라, 축복의 여정을 착실히 밟아가고 있는 인생이다."

그런데 가만히 듣고 있던 동생이 뜻밖의 말을 했다.

"형! 이번 주 일요일에 교회 나갈게요."

어떠한 상황에서도 담대한 믿음을 갖고 나아가는 자에게는 성령께서 함께하신다. 하나님을 믿는 그리스도인은 실패가 축복의 통로임을 알고 믿음으로 나아갈 때 승리하게 돼 있다. 그런데 정작 하나님을 믿는 사람들이 인간적인 잣대로 사람을 재단하며 쉽게 무시한다. 하나님께 버림을 받았는지 아닌지는 그 누구도 알 길이 없다. 더 정확히 말하자면, 타인을 향해 독설을 내뱉는 그 자신조차도 본인의 앞길을 알지 못한다. 우리의 인생은 끝날 때까지 결코 끝난 게 아니기 때문이다.

하지만 그들은 고난 중에 있는 사람은 하나님께 버림을 받았다고 확신하는 모양이다. 그러니 두려움도 없이 마음껏 저주하고 짓밟을 수 있는 게 아닌가. 안타깝게도 믿는 자들이 오히려 하나님의 훈련 가운데 있는 사람을 향해 함부로 말하고 사람을 죽이는 언행 또한 서슴지 않음을 수차례나 목도했다. 우리가 비록 실패하고 죄를 범했을지라도, 하나님은 절대 당신의 자녀를 버리지 않으신다.

신용카드 천사

건평 300평 규모의 교회에서 30평으로 쫓겨난 그해 겨울은 무척이나 추웠다. 새로 임대한 30평 교회를 본당 18평, 유아실 6평, 목양실 4평, 주방 2평으로 정비했다. 고1 딸과 중2 아들을 데리고, 6평 남짓한 공간에서 우리 가족 넷만 남겨지는 순간부터 우리는 한겨울의 혹독한 추위와 싸우며 밤을 보냈다. 도로 위쪽에서 불어오는 찬바람이 유리벽을 타고 유아실 안으로 들어왔다. 바닥은 전기 패널이 깔려 있어 찬 기운은 면했지만, 이불 밖으로 얼굴을 내밀고 입김을 불면 김이 모락모락 피어오를 정도로 방안 공기가 차가웠다. 우리는 코와 귀가 시려서 잠을 제대로 잘 수가 없었다.

아침이 되면 씻는 일, 세탁하는 일, 음식을 해 먹는 일 등 불편한 게 한두 개가 아니었다. 샤워와 세탁은 염치불구하고 성도의 집을 번갈아가며 신세를 졌다. 그러니 아침이 오면 또 오늘 하루를 어떻게 살 것인가 걱정이 앞섰다. 어느 날 견디다 못한 중2 아들이 제 엄마를 재촉했다.

"엄마, 영어학원 강사 자리라도 알아보세요."

아내가 여러 군데를 타진해 보았지만 마땅한 자리를 찾지 못했다. 더 이상 소망이 없다고 생각했는지 아내가 제안을 했다.

"차라리 미국으로 돌아가는 것이 낫지 않겠어요? 미국에 가면 이보다 훨씬 더 나은 삶을 살 수 있는데, 계속 이렇게 살고 싶어요? 현재 상황에서는 버틴다 하더라도 희망이 보이지 않아요."

이쯤 되고 보니, 나도 미국으로 다시 들어가는 게 사실상 나을 듯도 싶었다. 생계가 막막한 상황에서 호기롭게 아이들 교육 문제를 생각하며 한국행을 결정했던 마음은 온데간데없이 사라졌다. 그렇지만 그 상태로 미국으로 돌아간다는 게 두려웠다. 평생 실패자로 살게 될 것 같았다. 나는 아내에게 내 속마음을 털어놓았다.

"미국으로 돌아갈 수는 있지만, 이대로 한국을 뜬다면 나는 평생 실패자란 오명을 쓰고 살아야 할 거야."

지구촌 시대라 태평양을 건너 미국에 산다고 한들 몇 사람만 걸치면 다 아는 사이가 된다. 그러니 누군가 나를 알아보는 사람이 있을 것이고, 이전 일로 인해 누군가 또 멸시에 찬 시선을 보낸다면 나 자신에게 부정평가를 내리며 평생 움츠리고 살지도 모른다.

"조금만 참고 견뎌봅시다. 그래서 어느 정도 안정을 찾고 나서 생각합시다. 적어도 성전 건축으로 인한 잘못된 편견과 오해를 벗은 뒤에 미국으로든 그 어디로든 떠납시다. 좀 더 시간이 흐르고 모든 것이 좋아지면 그때 떳떳하게 떠납시다."

3월이 되었다. 아이들도 한 학년씩 올라갔다. 그러나 우리는 여전히 경매 후유증에 시달리고 있었고, 별반 나아지는 기미도 보이지 않았다. 아이들도 말은 하지 않지만 우리 가정의 어려운 생활에 대한 염려와 걱정을 안고 있는 듯했다.

나는 이대로 있을 수 없어 지역 일간지를 갖고 와 일자리를 찾았다. 여러 곳에 전화를 걸어봤지만, 나이가 많다며 번번이 거절을 당했다. 막상 일을 하려고 알아보았지만, 생각보다 일 할 수 있는 곳이 많지 않았다. 여기저기를 알아본 끝에, 인테리어를 하는 곳에서 일하게 되었다. 그런데 일을 못 한다며 평생에 먹을 욕을 일주일에 다 얻어먹었다. 하루 종일 먼지 속에서 육체노동을 하다 보니 온몸이 아팠다. 하루 일당 8만 원을 벌기 위해 이렇게까지 일을 해야 하나 생각이 많아졌다.

일하면서 많은 고민을 하게 되었다. 이 일을 언제까지 할 것이며 이 일을 통해 얻을 수 있는 수입이 얼마인지 계산해보니 의외로 답이 쉽게 얻어졌다. 그 일을 그만두었다. 아무리 생각해도 내가 잘 할 수 있는 일은 '도넛'을 만드는 일인 것 같았다. 나는 아내에게 도넛을 만들어서 판매하는 게 어떻겠냐고 물었다. 흔쾌히 수락하는 아내와 함께 아파트 장터로 갔다.

"이곳에서 장사할 수 있을까요?"

"저쪽 팀장에게 가서 물어보세요."

팀장을 찾아 다시 물었다.

"이곳에서 장사하고 싶은데 어떻게 하면 될까요?"

"무얼 파시려고요?"

"도넛을 팔고 싶습니다."

"이곳에서 장사하려면 케노피 천막이 있어야 합니다. 준비가 다 되면 와서 말하세요."

장사하려면 물품은 물론이고 도넛을 만들 수 있는 장소도 필요했다. 가진 돈이 없었기에 하나님께 기도했다.

"하나님! 가정을 살리고, 교회를 유지하기 위해서는 돈이 필요합니다. 그런데 저희에겐 장사를 시작할 돈이 없습니다. 도넛을 만들어 팔 수 있도록 도와주십시오."

여러 날을 간절히 기도하고 있었다.

어느 날이었다. 교회 집사님께서 나를 좀 보자고 하셨다. 집사님을 만났더니 신용카드를 내밀었다. 깜짝 놀랐다.

"집사님, 웬 신용카드예요?"

"목사님께서 돈이 필요하실 것 같았어요. 그런데 저도 지금 돈이 없으니 신용카드라도 드려야 마음이 편할 거 같아서요. 필요한 데 사용하시고 카드비 결제는 목사님께서 해 주시면 좋겠습니다."

그러면서 집사님은 도리어 미안해하셨다. 나는 그 집사님의 마음을 충분히 헤아릴 수 있었다. 당시 집사님의 형편은 좋지 않은 상황이었지만 아무것도 없는 나에게 선뜻 카드를 내주었다. 자신의 카드를 내준다는 것은 자신의 신용을 담보하는 거와 다를 바 없지 않은가! 그 집사님이 나에게는 천사와도 같았다.

"어느 날이었다.
교회 집사님께서 나를 좀 보자고 하셨다.
집사님을 만났더니 신용카드를 내밀었다.
웬 신용카드냐고 여쭸더니,
내가 돈이 필요할 것 같아서라고 했다."

일할 수 있어서 행복하다

집사님의 도움 덕분에 좋은 조건으로 상가를 얻었다. 장사에 필요한 물품들도 구입했다. 새벽예배가 끝나면 바로 도넛을 만들었다. 갓 구워낸 도넛을 차에 실어놓고는 집에 가서 아침을 먹고, 바로 아내와 함께 아파트 장터로 향했다. 장터 팀장이 지정해 준 장소에 케노피 천막을 치고 장사를 시작했다. 첫날 장사에서 13만 원의 매출을 올렸다. 너무 감사하고 기뻤다. 그렇게 아파트 장터를 돌며 장사를 했다. 예배가 있는 날엔 일찍 장사를 접었다.

장사한 지 3개월 정도 되었을 때, 한 군데서 하는 것보다 두 군데로 나눠서 하면 수입이 더 늘어날 것 같았다. 아파트 장터의 케노피 천막은 아내에게 맡기고, 난 따로 다른 아파트에 가서 장사를 시작했다. 모든 게 감사한 일뿐이지만, 그래도 혹여 아는 사람이라도 만날까 봐 교회에서 왕복 3, 4시간 이상 되는 먼 지역(충북, 음성, 장호원, 이천, 충남, 논산, 강경, 아산, 서산, 전북 익산, 경북, 상주, 문경 등)으로만 다녔다. 집에 들어오면 밤 10시가 넘었다. 그 어려운 가운데서 언제나 하나님께 감사할 일이 끊이지 않았다.

성도 중에는 목회자인 우리 부부가 노점에서 장사하는 것을 아는 분들도 있었다.

"목사님, 그 어려운 환경에서 어떻게 감사할 수 있습니까? 항상 웃으면서 모든 것에 감사하는 목사님 부부를 볼 때, 제 믿음으로는 아직 잘 이해가 되지 않습니다."

정말 우리는 감사하며 하루하루 최선을 다해 살았다. 여름에 장맛비가 내리고 천막이 날아갈 듯 세찬 바람이 불어와도 하루 또 일할 수 있게 하신 하나님께 감사했다.

하나님은 고난의 환경 속에서도 우리와 함께하신다. 인생의 밑바닥까지 내려간 걸 허용하신 하나님은 노점에서 장사하게 하셔서 더 이상 내려갈 수도 없는 환경에 밀어 넣으시고, 그 환경에서 살아남으려면 그까짓 체면이나 자존심 따윈 중요하지 않다는 걸 알게 하셨다. 비록 남들이 하찮게 여길 만한 노점 장사였지만, 우리에게는 아주 귀하고 성스러운 일이었다. 처한 환경을 보고 좌절과 절망에 빠지는 게 아니라, 그 환경에서 소신껏 성실하게 살아갈 수 있는 희망이 생겼다. 땀 흘리며 최선을 다하는 모습이 얼마나 아름답고 떳떳한 삶인지 우린 또 한번 확신했다. 때때로 손님들이 건네는 한마디 인사는 더욱 힘을 나게 했다.

"맛있는 도넛을 저렴하게 사 먹을 수 있게 해주셔서 고맙습니다."

"맛있게 드셔서 저희가 더 행복합니다."

그렇게 하루가 지나가면 어느덧 저녁 땅거미가 지기 시작한다.

물론 강풍주의보라도 뜨는 날에는 손님을 기다리는 무릎 사이로 한기가 스며들고, 매달 날아오는 카드 명세서 때문에 가슴 답답하고 머리가 지끈지끈 아플 때도 있었다. 그리고 간혹 나의 목회 형편을 생각할 때면, 나 자신이 한심하게 느껴지기도 했다. 교회 임대료와 공과금은 고스란히 내가 담당할 몫이었다. 이런 부분을 함께 걱정하며 짐을 나누어 질 대상이 없다는 것에, 잠시나마 허탈감이 몰려오는 날도 있었다.

그렇지만 난 믿었다. 하나님은 우리가 시험을 당할 즈음 그 모든 문제를 해결해 주시는 분이라는 것을. 또 내가 어느 곳에 있든 하나님은 항상 나와 함께 계신다는 걸 말이다. 주님의 인도하심을 믿을 때, 하나님은 불평과 실패라는 볼멘소리를 없애주시고 다시 살아갈 힘을 제공해 주신다. 노상에서의 장사는 지금 내 모습을 보시고 측은히 여기시며 함께 아파하시는 하나님을 보는 자리였다.

길에서 드리는 기도

"주님! 연약한 이 죄인을 용서하시고 언제나 저와 동행해 주시니 감사합니다. 하나님께서 이 작은 자를 통해 하나님의 놀라운 일을 계획하시고, 모든 일이 이루어져서 이 땅에 하나님의 역사를 전하는 증인의 삶을 살도록 이끌어 주옵소서.

하나님! 저를 통한 하나님의 뜻이 언제 이루어질지 저는 알지 못합니다. 그러나 저는 오늘도 최선을 다해 살아갈 것이며, 삶의 진정한 가치가 무엇인지, 어떻게 하면 하나님께 받은 복을 주위 사람들과 더불어 누릴 수 있을지 고민하며 살려 합니다. 그 일이 이루어지길 소망하며 오늘도 믿음으로 나아갑니다. 항상 당신 앞에 성실하고, 진실하며, 거룩한 삶을 살게 하여 주옵소서.

하나님! 교회를 다니면서도 삶이 변화되지 않는 성도들을 어떻게 도와야 할까요? 어떻게 해야 우리 성도들이 하나님을 섬기는 자로서의 총체적인 복을 받아 누릴 수 있을까요? 제 주위를 돌아보면 하나같이 물질에 어려움을 겪고 있는 성도들밖에 없습니다. 그 날 일해서 하루를 살아가시는 분들이 너무도 많이 있습니다. 이들이 물질에서도 자유를 누리는 삶을 살기 원합니다.

하나님! 제가 현재 어려움 가운데 놓여 있으나 저는 여전히 하나님의 축복 안에서 살고 있습니다. 건축으로 인해 많은 어려움을 겪으면서 인간의 본성을 조금이나마 알게 하신 하나님, 눈에 보이는 것만이 전부인 것처럼 살아가는 이들이 너무 많이 있음을 봅니다. 하나님, 이 땅에 선한 역사가 이루어지게 하옵소서.

하나님! 모든 사람이 최근에 일어난 일 때문에 저를 죽은 자처럼 판단하고, 저와 함께하시는 하나님을 보지 못하고 있습니다. 동료를 사랑하지 못하고, 감싸주지 못하며, 비난과 조롱을 넘어 이제는 매장하려는 저들에게 하나님이 살아 계심을 보여 주옵소서. 하나님의 성전을 건축하는 일에 드렸던 작은 헌신이 헛되지 않게 하여 주옵소서. 하나님, 저를 사용하여 주옵소서.

하나님! 다시 한번 일어나고 싶습니다. 하나님의 인도하심과 복 주심을 이 나라와 세계 열방에 전하는 종이 되기 원합니다. 이런 나와 함께하시는 하나님의 역사하심을 마음껏 전파하는 삶을 살아가고 싶습니다.

하나님! 고난을 통해 하나님의 축복을 알게 하시니 감사합니다. 진정 이 땅에서 추구해야 할 것이 무엇인지를 알게 하심에 감사드립니다. 다윗이 고난과 죽음의 고비를 통해 하나님의 인도하심과 보호하심을 깨달았던 것처럼, 저 또한 그러한 자가 되기를 원합니다.

주님을 만난 후 온전히 주를 위해 자신의 모든 것을 내어 드렸던 바울의 삶을 묵상합니다. 그는 갖가지 고난, 박해, 육신의 아픔, 수 없는 매와 광풍의 위험, 생사의 갈림길 등을 맞았습니다. 모든 어려움을 극복하고 이겨내며 복음전파를 향해 나아가는 삶을 살았던 바울이 하나님께 쓰임 받는 종이 될 수 있었던 것은 우연이나 공짜가 아니었습니다. 모든 어려움을 견디고 승리했기에, 그래서 하나님의 온유함을 지닌 종으로 인정받았기에 하나님께서 사용하셨던 것입니다.

하나님! 이 작은 종을 들어 쓰시기 위해 지금 고난의 훈련을 허락하신 하나님께 영광을 돌릴 수 있도록 함께 해주실 줄 믿고 감사드립니다."

이렇게 기도하며 하루하루를 살아갔다. 그때 주님은 내게 말씀하셨다.

"두려워하지 말라 내가 너와 함께 하리라 놀라지 말라 나는 네 하나님이 됨이라 내가 너를 굳세게 하리라 참으로 너를 도와주리라 참으로 나의 의로운 오른손으로 너를 붙들리라"(사 41:10)

할렐루야! 감사합니다! 찬양합니다! 사랑합니다, 주님!

노점의 더위와 추위를 껴안고

아내는 알레르기가 있어서 봄과 가을엔 눈물과 콧물을 쏟느라 매우 힘들어했다. 온종일 케노피 천막 아래서 고객을 기다린다는 건 결코 쉬운 일이 아니다. 특히 봄과 가을에 부는 바람은 매우 강하다. 천막이 날아갈 듯한 세찬 바람이 불 때면 천막을 꼭 붙들고 있어야 했다. 여름철 무더위와 싸우며 장사하는 것도 결코 쉬운 일은 아니다. 한낮에 햇빛이 쏟아지는 천막 밑에 앉아 있노라면, 길바닥에서 올라오는 지열과 내리쬐는 뙤약볕으로 땀이 송골송골 맺혔다. 언제 올지 모르는 손님을 기다리는 시간은 외롭고 지루하다. 밤엔 쉬지 않고 달려드는 모기와 싸워야 했다.

노점에서 장사를 시작하고 처음으로 맞는 겨울이었다. 날씨가 추우니 도넛이 잘 팔리지 않았다. 생각해 보니 추운 겨울엔 도넛보다 분식을 선보이는 것이 나을 것 같았다. 겨울 장사를 위해 업종을 변경했다. 호떡, 떡볶이, 순대, 어묵 등으로 메뉴를 결정했다. 하루 종일 아내는 호떡을 굽고 나머지 일들은 내가 전담했다.

사실 아내는 겨울이 되면 발이 아프다. 교회 건축을 할 때 수도배관이 동파된 적이 있었다. 아침에 내려가 보니 2층이 물바다가 돼 있었다. 아내와 난 그 추운 날씨에 발목까지 차오른 물을 치우느라 정신이 없었다. 마음이 급했던 아내는 맨발로 물을 퍼 날랐는데, 그때 그 일로 발이 동상에 걸렸다. 겨울만 되면 동상 걸린 발이 시리고 간지러워 몹시 고통스러워했다. 그런 아내가 종일 앉아서 호떡을 굽는 모습을 보니 너무 안쓰러웠다. 힘들어도 늘 긍정적으로 생각하며 감사하던 아내는 딱 한 가지 소원이 있다고 했다.

"좁아도 좋으니 추운 겨울 눈보라와 바람을 피할 수 있는 매장이 있었으면 좋겠어요."

노점에서 계속 장사를 할 순 없을 것 같았다. 가게를 할 수 있는 곳을 달라고 구체적으로 기도했다. 기도하는 중에 도넛과 커피가 조합을 이룰 수 있으니 커피 바리스타 자격증을 취득해야겠다는 감동이 왔다. 마침 사회에서는 커피 바리스타 자격증 취득 열풍이 일어나고 있었다. 학원을 알아보니 수강료가 제법 비쌌다. 우리집 경제 사정으로는 학원에 다닐 수 없는 형편이었다. 게다가 상가를 얻어 매장을 차린다 하더라도 도넛 한 종류만으로는 승산이 없어 보였다. 계속해서 알아보고 기도하는 가운데 충북 소상공인센터에서 모집하는 커피 바리스타 자격증반 광고를 보게 되었다. 나는 바로 소상공인센터에 서류접수를 마쳤다.

개별 면담을 통해 20명을 모집했는데, 나도 선발이 되었다.

노점상을 하는 와중에서도 시간을 쪼개 커피 바리스타 교육을 받았다. 교육이 거의 끝날 무렵인 어느 날, 상가를 찾아보아야겠다는 마음이 들어 매일 정해 놓고 기도하던 지역으로 가보았다. 혹시 매장을 열 만한 곳이 있나 살펴보는데 마침 빈 상가 하나가 눈에 들어왔다. 그곳에 도넛 카페를 해야겠다는 마음이 들었다. 건물주에게 임대하겠다고 약속하고, 아내와 함께 교회로 돌아왔다. 이번에도 우리는 상가를 얻을 보증금과 시설비를 충당해 주실 것을 간곡히 기도했다.

이렇게 하는 것이 맞다는 생각이 들어!

하루는 넷째 동생으로부터 전화가 왔다.

"형, 형수님과 함께 만납시다."

나는 동생과 약속을 잡고서도 은근히 걱정되었다. 이번에도 은행 대출금 얘기를 할 것 같았다. 발걸음이 무거웠지만 아내와 함께 약속 장소로 갔다. 그런데 동생은 저녁 식사를 하는 내내 대출 얘기를 꺼내지 않았다. 그러니까 오히려 내 마음이 편치 않았다. 식사를 마친 동생은 잠깐 자기 차에 가자고 했다.

"형, 내가 5천만 원을 추가로 빌려줄게."

"응? 그게 무슨 말이야?"

"내가 은행에서 대출을 받을 수 있는 금액이 5천만 원인데, 그 돈을 대출받아 주고 싶어서요. 내가 형한테 지금 투자하는 거예요."

"나를 어떻게 믿고 5천만 원을 추가로 빌려줘? 이전의 은행대출도 있는데. 만약에 내가 그 돈으로 무엇인가를 시작했다가 망하게 된다면, 난 그 돈을 갚을 수 없을 것이고 너는 더 힘들어질 텐데."

그런데 동생은 무슨 배짱인지 눈 하나 깜짝하지 않았다.

"설령 돈을 다 잃게 된다고 해도 다시 형에게 투자하고 싶어서 그래. 나도 잘 모르겠는데, 내 마음에 이렇게 하는 것이 맞다는 생각이 들어. 만약 사람들이 날 보면 미쳤다고 생각할 수도 있다는 거 알아. 이성적으로는 이해할 수 없는 일인데, 그래도 이렇게 해야겠다는 마음이 들어서 그래요."

아들만 다섯인 우리 형제들은 하나 같이 감정표현에 서툴다. 맘속으론 고맙게 생각해도 쉽사리 말로 표현하지 못하고, 미안해도 미안하단 표현을 잘 하지 못한다. 당장 나부터 그렇다. 헌데 이날 동생은 평소와는 다른 모습으로 자기 속내를 내게 털어놓고 있었다.

"매사에 성실하고 책임감이 강했던 형은 어려서부터 집안의 모든 짐을 지고 애쓰면서 살았어. 누군가가 조금만 힘을 실어주면 잘 될 가능성이 많은 사람인데, 안타깝게도 환경이 받쳐 주질 않아 매번 '맨땅에서 헤딩하는' 격으로 사는 형을 보면서 늘 안타까운 마음을 갖고 있었어."

이 땅에 어디 하나 힘들지 않은 가정이 있을까마는, 우리 형제들도 크면서 고생을 많이 했다. 나는 가난한 집안의 장남이었다. 그러다 보니 어린 나이였음에도 아버지를 대신하려는 마음이 일찍이 자리했던 것 같다. 어려운 가정형편이 원망스럽지 않은 것은 아니었지만, 어떻게든 동생들을 건사해내고 싶었다. 가정에 보탬이 되기 위해 나는 무슨 일이든 닥치는 대로 했다.

"나는 형이 극도로 어려운 환경 가운데서도 좌절하지 않고, 당당하게 헤쳐 나가는 모습을 쭉 보아왔어. 누군가 조금만 도움을 준다면 다시 일어설 수 있는 사람인데, 주변에 도움을 주는 사람이 한 사람도 없는 것을 보니까 무척 속상하더라고."

인생 최악의 상황에 놓여 있으면, 세상 모든 것이 끝난 실패자처럼 좌절하거나 의기소침해 있을 법도 한데, 동생의 눈에 비친 나는 결코 주저앉거나 현실을 도피하지 않더라고 했다. 그 모든 고통과 수모를 다 끌어안은 채 어떻게든 재기해 보려고 몸부림치는 나를 보면서, 일반 사람과는 다르다는 걸 느꼈다고 했다.

"나도 모르게 하나님을 의지하며 살아가는 삶이 바로 저런 걸까 싶었어. 형수와 조카들이 미국 시민권을 가지고 있고 형도 다시 미국 영주권을 취득할 수 있는데, 차라리 모든 걸 접고 미국으로 돌아가 살면 될 걸, 왜 사서 고생을 하고 있는지 모르겠다고 생각하기도 했지…"

이른 아침부터 도넛을 만들어 밤늦게까지 노점에서 장사하면서도 힘들다고 하지 않고, 일할 수 있는 것에 감사하다고 말할 땐 적잖이 놀랐다고 했다. 어디에서 나오는 자신감과 패기일까? 무엇이 위기를 위기로 보지 않고 어두운 기색 하나 없이 저리 긍정의 모습일 수 있을까? 노점에서 장사하는 것이 창피할 법도 한데, 어떻게 기뻐할 수 있을까? 이런 내 모습이 동생 눈에는 때때로 의구심이 들기도 했지만, 어려운 가운데서도 최선을 다하는 모습이 자기 마음을 감동케 했다는 것이다. 동생의 말을 들으며 나는 짐짓 놀랐다. 전혀 뜻밖의 고백을 들은 것이다.

"미안하다. 그리고 고맙다."

알아달라고 한 적은 없는 것 같은데 동생은 애쓰며 살아온 나의 지난 시간을 하나도 빠짐없이 인정해주고 있었다. 고마우면서도 결과적으로 동생에게 부담을 지어준 꼴이 되니 얼굴이 서지 않았다. 고생은 다 같이 했고 모두에게 허락된 시간을 각자의 방식대로 감당했을 뿐인데, 번번이 동생들에게 사랑의 빚을 지니 고맙기도 하고 미안하기도 했다. 그래도 각자 제 몫을 다하며 성실하게 살아가는 동생들이 대견하고 감사하기만 하다. 한국에 들어와 형으로서 더 멋있는 모습을 보여주지 못해 체면이 안 선다 싶었는데, 지나온 세월을 인정받은 것 같아 한편으로는 기쁘기도 했다.

'수잔 도넛 & 커피' 매장을 오픈하다

커피 바리스타 자격증 반을 수료할 무렵, 소상공인진흥원에서는 각 지역 센터에서 우수자 1명을 선발해 해외 견학 프로그램을 진행했다. 충북 소상공인센터에서는 나를 선발했다. 싱가포르를 견학하겠다고 신청했는데, 면접 과정에서 홍콩이 적합하다며 홍콩으로 가라고 했다. 홍콩팀에 합류해 4박 5일 일정으로 해외 견학을 하게 되었다. 홍콩 견학을 통해 많은 것을 보고 배우며, 앞으로 운영할 도넛 카페를 연구하는 귀한 시간을 가질 수 있었다. 또 함께한 20명의 사람과 교제하고 서로 비전을 공유할 수 있어서 내겐 귀한 치유의 시간이 되었다.

사실 난 어떤 일을 시작하기 전 해외에 다녀오면 창의적인 영감을 얻을 때가 많이 있었기에, 홍콩 견학을 가기 전부터 내게 기대감이 컸다. 이번 역시 견학 기간에 팀을 이끌었던 진흥원의 간부와 좋은 인연을 맺었다.

홍콩을 다녀온 후 곧바로 아내 이름을 딴 '수잔 도넛 & 커피' 매장 운영준비를 시작했다. 집기류, 기계 위치와 설계에서부터 마무리 공정까지 전 과정을 발품을 팔았다. 직접 노동을 하면서 최소한의 경비로 최대의 효과를 창출하기 위해 45일간 분주하세 움직였다. 그러는 중에도 우리 부부는 많은 고민을 했다.

'매장을 열었는데 장사가 잘되지 않으면 어쩌지?'

그러나 다시 서로를 격려하며 두려움을 몰아냈다. 아내의 말은 큰 힘이 되었다.

"예상했던 만큼의 매출이 나오지 않으면, 나는 매장에서 도넛 판매를 하고 당신은 전에 하던 대로 노점상을 하면 되죠."

드디어 매장 개업 준비 작업이 끝났다. 메뉴 선택과 가격 결정이 꽤 어려웠다. 비싸지 않으면서도 맛있는 도넛과 커피를 고객에게 제공할 방법들을 여러 각도에서 고민했다. 그래서 2013년 6월 초, 임시로 문을 열고 손님들의 반응을 살폈다. 가격 책정은 정당한지, 맛있다고 평가받는 품목은 무엇인지 소비자들의 반응을 살펴 보완사항을 하나씩 점검해나갔다.

우선 맛에서는 좋은 평가를 받았다. 문제는 도넛 가격이었다. 유명 프랜차이즈의 도넛 가격보다 낮게 책정해야 하는 게 관건이었다. 고민하다가 세트 메뉴를 구성하기로 했다. 꽈배기는 3개 1,000원으로 팔고, 도넛은 3가지 아이템을 세트 메뉴로 묶어 2,000원으로 정했다.

첫날은 아쉽게도 우리가 예상했던 매출액에는 못 미쳤다. 하지만 첫술에 배부를 수 없다는 격언을 새기며, 정성을 다해 도넛을 만들고 친절하게 서비스를 제공해야겠다는 마음이 들었다. 그러다 보니 주변 지인들에게 알려져 단체 주문을 받기도 했다. 교회 수련회, 학교 간식, 유치원, 어린이집 등 이곳저곳에서 계속 주문이 들어오면서 매출이 점차 올라가기 시작했다.

지인들의 소개가 이어져 수련회 간식으로 1,000개의 주문이 들어왔다. 작은 매장에서 당일에 개별 포장 1,000개를 감당하는 건 꽤 버거웠지만 두 자녀와 함께 힘든 줄 모르고 기쁨으로 그 일들을 감당했다. 그렇게 우리 도넛가게는 가성비 좋은 집으로 알려지면서 매출이 안정되어 갔다.

한국에 들어올 때 초등 2학년이었던 딸이 어느덧 대학에 입학했다. 대학생을 둔 부모라 돈이 많이 들어갈 때였는데, 매장이 잘돼서 그나마 감당할 수 있었다. 한창 사춘기 때 교회 건축과 경매 등 숱한 일을 겪으며 경제적·심리적 어려움을 겪어야 했던 아이들인데도 원망하지 않고 잘 이겨내어 주어 고맙기만 하다. 아이들도 가게가 잘 되어가는 것을 보면서 전심으로 기뻐했다.

월 매출 1,500만 원 기록

소상공인진흥원에서 해외 탐방 연수팀을 이끌었던 소장이 가게를 방문하겠다고 연락을 주었다. 가게를 방문한 소장은 도넛을 먹어보더니 아주 맛있다고 호평해 주었다. 그리고는 즉석에서 서울경제신문에 기사가 게재될 수 있게 해 주겠다고 약속했다. 곧바로 사진 촬영과 함께 인터뷰가 진행되었다. 며칠 후 서울경제신문 기사가 실렸다.

'당일 조리 판매 원칙으로 신선하고 담백한 3개 1,000원…거품 뺀 착한 가격은 덤'이라는 기사로 더 많은 사람의 관심을 받게 되었다. 손님들이 매장 사진과 도넛 사진을 찍어 SNS에 좋은 평들을 올려 주었다. 입소문이 소문을 타고 많은 소비자에게 '가성비가 좋은 집'으로 알려지기 시작하면서 맛있는 가게로 자리매김을 하게 됐다.

이후 '충북 착한 가격 모범업소'로 선정됐다. 이어서 극동방송과 'SBS 굿모닝 충북세종'에 소개됐는가 하면, 'KBS 라디오 전국 소상인 선정 100개 업체'에 뽑혔다. 이렇듯 하나님은 여러 언론 매체와 손님들의 기억에 꾸준한 맛집 이미지를 심어주셨다. 스포츠 조선에도 인터뷰 기사가 실렸다. '수잔 도넛 & 커피 대표, 지방에서 월 1,500만 원 매출 비결'이라는 제목이었다. 수잔 도넛 & 커피의 성공 비결은 철저하게 우리만의 실정을 감안해 '맞춤형'으로 준비했기 때문이라고 평가했다.

우리는 이미 미국에서 미국식 도넛 레시피를 받고 매장 운영을 했던 경험이 있다. 물론 도넛 제조 비법을 받는 게 쉽지는 않았다. 누구든 자신만의 비법은 잘 알려주지 않기 때문이다. 그러나 한국에서는 미국에서 잘 팔렸던 레시피로 도넛을 만들 수는 없었다. 서양인들과 한국인들은 도넛에 기대하는 정서와 맛의 선호도가 다르다. 한국인들은 우선 너무 달지 않아야 하고, 담백하면서도 쫄깃하고 감칠맛이 있는 도넛을 좋아한다. 그래서 다시 시작한다는 마음으로 2년 동안 새로운 도넛 레시피를 개발했는데 그게 주효했다.

특히 미국에서는 도넛이 주식 개념이고, 한국에선 간식 개념이기 때문에 그에 어울리는 세트 구성도 새롭게 설계했다. 단순한 빵 기술이 아닌 현지 상황에 일치하는 맞춤형 레시피를 만들어야 했다. 특히 도넛을 간식 개념으로 받아들이는 특성을 고려했을 때 가격경쟁력이 중요하다고 봤다. 결과는 적중했다. 일반 도넛류 3개 1,000원이라는 가격경쟁력은 남녀노소의 소비심리를 충분히 자극했다. 또 자체 제작한 박스형 포장지를 사용한 매장 운영방식은 매출 상승에 큰 역할을 했다.

창업을 위해 필요한 것은 '도전정신'이다. 사실 자본금이 부족하거나 경험이 없어서 창업하지 못하는 경우는 매우 드물다. 자신의 상황에 맞게 사업계획을 세우고 준비를 한다면 불가능은 없다. 다만 도전을 위해선 현재 자신의 상황을 제대로 인식하고 달성 가능한 목표를 세우는 게 중요하다. 어느새 우리는 오픈 이후 매달 1,500만 원의 월 매출을 올리게 되었다. 지방 소도시에서, 그것도 유명 프랜차이즈 브랜드가 아니라는 점을 생각하면 엄청난 매출이다.

Chapter

05

실패의 미학

예측 가능한 고난 …

인생의 쓴맛을 겪은 후에 …

행복한 목사, 행복한 가정 …

나의 보물, 나의 엔도르핀 …

실패가 가져다준 선물 …

실패의 열매들 …

예측 가능한 고난

신학교에서 배운 신학만 가지고는 하나님의 사역을 잘 감당할 수 없다. 목회의 현장에서는 인간의 한계를 느끼게 하는 많은 돌발 상황이 일어나기도 한다. 연약한 인간이 세운 계획대로 이루어지는 하루는 거의 없다. 하루에도 몇 번씩이나 예기치 못한 일이 일어나는 사역의 현장이 사회이다.

코로나 19라는 전염병이 창궐할 것이라고 누구도 예측하지 못했다. 순식간에 세계는 팬데믹 상태에 빠져 버리고 말았다. 갑자기 발생한 사건으로 우리 삶이 송두리째 바뀌었다. 목회의 현장에서도 많은 변화가 일어나고 있다. 미래를 예측할 수 없는 공황 상태에서 과연 우리는 무엇을 해야 할지 정의를 내리지 못하고 혼동 속에 갇혀있다. 연일 매체들은 미래가 급작스럽게 변화될 거라 예측한다.

이것이 우리가 사는 삶의 현장이다. 한 치 앞도 내다볼 수 없는 순간순간이 우리 삶의 현주소이다. 과연 우리는 이 시대에 무엇을 해야 할까? 수많은 미자립 교회들이 재정적 빈곤으로 어려움을 겪고 있다. 대형 교회는 교회대로 말 못 하는 아픔을 안고 있다. 내일을 알 수 없는 이 불투명한 시대에 과연 어떻게 하는 것이 지혜로운 일인지 되묻지 않을 수 없다. 이대로 손을 놓고 있어야 하는지, 아니면 지금의 어려운 상황을 극복하기 위해 뭔가 새로운 모색을 해야 하는지 기로에 서 있다.

미자립 교회(임대교회)들은 매월 임대료에 대한 걱정과 염려를 해야 한다. 현실적으로 뾰족한 방법이 없는데도 말씀과 기도에 의지하는 것만이 우리가 해야 할 일일까? 아니면 성령께서 우리 마음에 감동과 영감을 주시는 그 일에 순종해야 하는가? 이 물음 앞에 갈등하며 망설이고 있는 이들이 있을 것이다.

교회를 경매로 잃고 많은 어려움에 있을 때 아이들하고 며칠 간 찜질방에서 지낸 적이 있다. 집으로 돌아오는 차 안에서 딸이 우리 부부에게 이렇게 말했다.

"아빠, 찜질방에 목사님들이 오셨어. 내가 소금방에 있는데 목사님들이 그 방에서 찜질하시면서 교회 건축에 관해 얘기하시는 걸 우연히 듣게 됐어. 어느 목사님이 교회 건축을 준비 중이신가 봐. 그런데 건축비용이 많이 부족한 것 같았어. 그때 어떤 목사님이 건축 준비를 하는 목사님에게 어떻게 건축할 것인지 구체적으로 질문하셨는데, 하나님께서 예비하실 줄 믿고 믿음으로 교회 건축을 하신다고 대답하시는 거야! 내가 듣기에도 너무 무리하게 건축하시는 것 같았어. 그때 문득 '우리 아빠와 똑같이 생각하는 분이 여기에 또 있네!'라는 생각이 들지 뭐야.

나도 아빠가 하나님께 기도하면 하나님께서 필요한 모든 돈을 다 해결해 주실 줄 알았지. 아빠가 교회 건축을 위해 얼마나 간절하게 기도하셨는지 난 알잖아."

딸의 목소리에는 아쉬움이 가득 담겨 있었다.

우리는 하나님의 일을 할 때 하나님께서 그 일속에서 다 해결하여 주실 줄 믿고 일을 추진할 때가 있다. 그러나 그것에 속아서는 안 된다. 오히려 하나님의 일을 빙자하여 목사의 일을 하고 있진 않은지 의심해 봐야 하고, 매 순간 자신을 경책할 수 있어야 한다. 하나님은 우리의 기도에 응답해 주신다. 그러나 그것은 하나님의 의를 위한 일을 할 때이다. 많은 경우 우리가 하는 일 중에는 우리의 일을 하기 위해 하나님을 앞세우는 경우들이 많다. 지금 사람들이 겪고 있는 고난과 어려움은 사람들의 욕심으로 인한 경우가 많다. 자신을 내려놓고 겸손히 주님을 바라볼 수 있는 영적인 일꾼이 되어야 한다.

돌이켜 보면 지난날 내가 겪었던 고난과 아픔과 시련 역시 하나님의 뜻이 아닌, 내 뜻을 이루려 하다가 초래된 일이 훨씬 많았다. 나는 그 일을 통해 많은 훈련의 과정을 겪었다. 그러나 그것 역시 우리에게는 값진 것이다. 고난의 훈련 과정이 없었다면, 지금도 어리석은 자로 하나님의 의를 빙자하여 나의 욕심을 채우며 살았을 것이다.

인생의 쓴맛을 겪은 후에

성전 건축이라는 사건을 통해 내 인생에 대변혁이 일어났다. 성전을 건축하기 전까지 나는 사람들과 관계를 맺고 친분을 쌓으며 외적인 만남을 중시하는 삶을 살았다. 그런데 건축 후 내게 찾아온 위기는 인생의 전환점을 만들어 주었다. 삶의 우선순위가 무엇인지 그제야 조금 깨달았다고 할까. 이 땅에서의 인간적인 관계를 쌓은 일은 우선순위가 될 수 없었다. 그렇다고 해서 인간관계를 끊어야 한다는 말은 아니다. 그런 외적인 요소보다는 나 자신이 실력을 쌓고 발전적인 일을 도모하는 것이 더 중요하다. 목사로서 목회에 필요한 준비와 영적인 문제 등 사역에 우선순위를 두어야 한다는 말이다.

사람은 불완전한 존재이다. 서로 다른 가치관을 지닌 불완전한 존재들이 공존하기 위해선 상호 관계를 맺고 서로 협력하여 선을 이루어야 한다. 그렇지만 많은 사람의 관계를 보면 협력을 위해 서로 이해하고 사랑하는 관계가 아니라, 보이지 않게 미묘한 비교의식과 경쟁의식 속에서 자기가 더 인정받고 잘되어야 한다는 마음이 앞서 있다.

여전히 주변에서 나를 둘러싸고 이런저런 말들이 오간다는 걸 안다. 여러 곳에서 쏘아대는 화살이 무섭고 두려워서 도망가면 갈수록 더 많은 화살 시위가 당겨졌다. 나는 꼼짝 없이 서서 사방에서 날아오는 화살을 맞을 수밖에 없었다. 사람들의 중심은 육신의 욕망 충족에 있다. 여전히 나는 너무도 부족한 존재이며, 지금도 경제 사정은 어렵다. 그렇지만 눈앞의 문제 해결만을 위해 살고 싶지는 않다. 지금은 비록 힘들고 앞이 보이지 않는 안갯속이라 할지라도, 출구를 찾기 위해 애쓰며 하나님께 도움을 구하며 살고 있다.

얼마 전에 어떤 지인과 심한 언쟁을 벌이게 되었다. 과거 내가 곤경에 처해있을 때 고약하게 굴던 사람인데, 그런 그가 요즘 경제적으로 어려움을 겪고 있는 것 같았다. 그와 말다툼을 하다가 불현듯 내 마음에서 이런 생각이 올라왔다.

'당신이 그렇게 생각하고 있기에 지금 어려움을 겪고 있는 거야. 지금 겪고 있는 일들을 통해 주님은 당신이 어떻게 하길 원하실까? 주님의 도우심을 구하는 것이 더 현명할 텐데…'

그러자 조금 전까지 그 사람에 대해 품었던 안 좋은 감정이 연민으로 바뀌었다. 그는 자신이 지금 겪고 있는 어려움이 모두 나 때문이라며 남 탓을 하고 있었다. 피해 금액을 받아내고 싶은 탐욕을 숨긴 채 피해망상에 빠져서, 자기 눈의 들보는 보지 못하고 상대를 탓하며 원망과 분노를 쏟아내고 있었다.

인간은 본디 자기중심성이 강해서 어떤 손해도 보지 않으려 한다. 자신의 권익을 지키기 위해서라면 필사적으로 나서거나 자기 보호 본능을 작동시킨다. 주변에 어려움을 겪고 있는 사람이 있다고 한들, 그를 진심 어린 마음을 갖고 생각하거나 보호해 주지 않는다. 아무리 친한 관계였더라도 처지를 이해해 주고 함께 아파하며 도와주기보다는 매정하게 등을 돌린다. 혹여 자신에게 불이익이 올까 봐 안면을 몰수해 버리는 이들도 있다. 이 세상에는 믿을 수 있는 사람이 아무도 없다는 생각이 들 정도였다.

가끔 내게 달콤한 말을 하는 사람이 있다. 하지만 이젠 그 말을 곧이곧대로 믿지 않는다. 하도 뒷이야기의 주인공이 되다 보니 의심부터 하는 못된 습관이 생겨버린 것이다. 어려운 일을 겪으면서 사람에 대한 신뢰를 너무 많이 잃어버렸다. 온갖 고난을 겪으면서 '강한 척, 센 척하는' 사회적 가면을 쓰고 살아가지만, 사실 너무 연약한 존재여서 홀로 눈물을 흘리며 흐느끼는 날이 무수히 많았다.

그런데 나 또한 그런 사람들과 다를 바 없는 인간이었다. 경매를 당해 모든 것을 잃어버린 것은 따지고 보면 내 잘못인데, 다른 곳에서도 잘못이 있었을 거라고 자기 합리화를 해버린 것이다. 경매까지 이르게 된 것은 건설회사와 갈등으로 인해 빚어진 것이며, 금융 쓰나미로 인해 은행 담보대출이 정지되었기 때문이라고 정당화시키고 있었다. 나 자신에게 최면을 걸어 나를 보호하기 위해 안간힘을 다 쏟아 부었다.

하지만 그 모든 것은 내 잘못이다. 내가 책임지고 감당해야 할 내 몫이라는 사실은 변하지 않는다. 그 일로 인한 고생은 마땅히 받아들여야 한다. 그리고 현재 내가 직면한 실패와 절망은 참담할지라도 아직 세상의 끝은 아니다. 경매로 인한 대가를 치르고 있지만, 그것이 끝이 아니기에 희망이 있는 것이다. 그렇게 매일 다짐하며 살았다.

'지금의 환난은 끝이 아니니 포기하지 말자. 하나님의 도우심을 구하자. 매일 하나님께서 회복하실 줄로 믿고 버텨나가자.'

우리는 하나님 한 분만으로 행복해질 권리가 있다. 때로는 인생에 큰 풍랑을 만나 좌초될 상황 속에 있다 하더라도, 주님을 향한 믿음으로 그분의 섭리에 순응하며 감사하면, 하나님은 큰 은혜로 풍랑을 헤쳐 나갈 힘과 지혜를 주신다. 삶의 세찬 풍랑과 사방의 욱여쌈 속에서도 하나님의 섭리를 발견할 수 있다면, 최악의 상황까지는 가지 않는다. 우리의 삶에 선하신 하나님의 뜻과 섭리가 숨겨져 있음을 깨닫고, 겸손하게 자기에게 닥친 환경을 들여다보아야 한다.

행복한 목사, 행복한 가정

"미국에서 그대로 지냈더라면, 우리 가족들 고생 안 하고 안 정적인 삶을 살았을 텐데, 한국에 들어와서 온 식구가 이게 웬 고생이야. 그래도 오지게 고난의 시간을 지나왔지만, 후회는 안 해요. 몸 편하고 안정적으로 사는 게 뭐 대순가."

어느 날 아내가 내게 건넨 말이다. 하소연도 아니고 좋다는 말 도 분명 아닌 것 같은 아내의 차분한 고백을 들으면서, 어떻게 받아들여야 할지 몰라 잠시 난감해했던 기억이 떠오른다. 사실 나도 아내와 아이들에게 하지 않아도 될 고생을 시킨 것에 대한 미안한 마음이 있다. 물론 이러려고 한국에 온 것은 아니기에, 목회의 꿈을 안고 귀국한 것이 잘못된 선택이었을까 반문해 보 기도 한다. 하지만 난 잘못된 선택이라 생각하지 않는다.

특별한 이변이 없는 한 미국에서의 삶은 안정적이었을 것이 다. 담임 목회자로서의 시작도 더 나을 수 있었다. 그러나 목회 의 과정은 장담할 수 없고 내가 사역할 곳은 한국이라는 확신 이 있었기에 모든 것을 거절했다. 그러나 우리의 인생을 누가 장 담할 수 있을까. 점차 세월이 지날수록 우리의 계획이 아닌, 하나님의 섭리 속에서 이루어진 발걸음이었음을 더 깊이 깨닫게 된다. 한국에서의 사역은 헛된 것이 아니라, 내 영혼의 깊이를 더해 가는 축복의 여정이었을 뿐이다.

지나고 보니 하나님의 뜻이 아닌, 나의 욕심으로 인해 가족들을 희생시키며 나 스스로에게도 많은 고난과 어려움을 자초했다. 또 나를 찌르고 멸시하는 주변 사람들이 있어 낮아짐과 겸손과 무릎 기도를 훈련하게 됐다. 이스라엘 백성이 애굽에서의 종살이 고통을 겪었기에 애굽을 탈출할 수 있었고, 다윗이 가시처럼 찌르는 사울 왕의 괴롭힘을 통과했기에 하나님의 합한 자가 될 수 있었던 것처럼, "고난당한 것이 내게 유익이라 이로 인해 주의 율례를 배우게 됐다(시 119:71)"는 다윗의 고백은 또한 내가 하나님께 바치는 찬미의 노래이자 나의 독백이 되었다.

지난날의 모든 시간은 내게 귀한 훈련의 과정이었다. 그 고난이 있었기에 지금의 내가 있다. 고통의 시간이 없었다면 하나님의 은혜를 제대로 알지 못했을 것이다.

우리는 '은혜'라는 단어를 생각할 때 좋은 일, 기쁜 일, 잘 된 일 등을 생각하기 쉽다. 그러나 시련과 환난의 시간을 통해 하나님의 동행하심을 경험하며 나의 모든 일을 온전히 맡길 때 그분께서 이루어 가시는 충만한 은혜가 무엇인지 비로소 깨달을 수 있다.

교회 경매로 인해 신축교회에서 쫓겨난 지 어느덧 10년의 세월이 흘렀다. 그때 함께 상가를 얻어 교회를 세운 성도들은 지금도 묵묵히 교회를 섬기며 헌신하고 있다. 그동안 많은 어려운 일들이 있었지만, 그들은 불평하지 않고 순종하며 부족한 나를 따라 주었다. 이렇듯 귀한 성도들과 믿음의 공동체를 이루고 있으니, 난 얼마나 행복한 목사인가.

내 목회현장은 순탄한 적이 거의 없었다. 작은 파도가 수없이 일어났고, 때론 험난한 파도를 만나 허우적거리며 벗어나려고 몸부림치던 때가 많았다. 그런데 그 모든 것들이 우연한 것이 아니었다. 미약한 존재이다 보니 전체를 보지 못하고 그저 지금 눈앞에 있는 것에 눈이 멀어 있었다. 하나님의 깊고 넓은 사랑과 은혜의 오묘한 세계를 볼 수 있는 눈이 열리지 않았던 것이다. 그것을 보고 만질 수 있게 된 것은 고난의 시간을 통과한 이후였다.

하나님은 어제나 오늘이나 동일하게 우리를 사랑하신다. 그분은 우리가 이 땅에서 형통하길 원하신다. 우리는 모두 행복해질 권리가 있다. 그런데 난 그 행복을 누리지 못하고 엉뚱한 곳에서 행복을 찾으려고 했다. 진정한 행복은 우리를 사랑하시는 하나님께 시선을 돌릴 때 비로소 누릴 수가 있다. 그분은 한결같이 나를 사랑하셨다. 내가 간절히 아버지 하나님을 찾는 날까지 인내와 사랑으로 기다려 주셨다. 그분은 내게 찾아오셔서 위로해 주시고 격려해 주셨다. 고통의 늪에 빠진 내가 좌절하지 않도록 용기와 소망을 주시며 내 손을 잡아 주셨다.

그러니 세상 사람들이 나를 미워하고 찌끼처럼 여길지라도, 상처받을 일이 아니다. 나는 하나님의 사랑을 받은 자이기 때문이다. 하나님을 만난 것이 내 인생의 가장 큰 행복이며 기쁨이다. 내가 어떤 상황에 놓여 있을지라도 그분 한 분만으로 인해 난 충분히 행복한 사람이다. 고난을 통해 하나님을 깊이 만나지 못했다면, 내 안에서 솟아나는 이 기쁨을 어쩌면 누리지 못했을 것이다.

하나님께서 허용하신 고난의 여정을 통해 무엇이 진짜 믿음이고 가짜 믿음인지 분별하게 되었다. 깊은 상처가 내게 없었다면, 외적으로 나타난 실상만 보고 사람이나 상황을 판단했을 것이다. 그것이 진짜인 줄로 착각하며, 어리석은 자와 같은 모습으로 살았을 것이다. 고난을 당함으로써 세상의 거짓을 볼 수 있게 되었다. 비난의 소리를 들음으로써 그들이 어떤 자들인 줄 알게 되었다. 멸시를 당함으로써 어떤 삶을 살아야 하는지를 깨달았다. 오해와 편견을 당하고 등을 돌리는 자로 인해서 모멸감이 어떤 것인지를 알았다.

하나님은 실패를 통해 행복의 길이 무엇인지 깨닫게 하셨다. 잠깐 있다가 없어질 안개와 같은 세상에서 무엇을 바라고 의지해야 하는지 알게 하셨다. 실패는 인생의 끝이 아니라, 축복의 길목으로 들어서게 하는 진정한 가치임을 보여주셨다. 진정으로 추구해야 할 것이 무엇인지 알게 하셨다.

　사랑하는 성도들, 그리고 아내와 자녀들이 곁에 있어 나는 행복하다. 행복은 멀리 있는 것이 아니라, 매일 일어나는 삶의 현장에 있다. 성도들과 한마음으로 하나님을 예배하고, 가족끼리 일상의 소소한 감사를 나눌 수 있는 것이 행복임을 알았다. 그 중에서도 나 같은 죄인을 구원해 주시고 자녀 삼아 주신 하나님의 은혜는 최고의 행복이다. 맡겨진 작은 일에 충성하며 감사하면 행복이 찾아온다. 지금은 고난의 과정에 있다 하더라도 믿음의 눈으로 바라볼 때 소망이 생긴다.

　믿음을 갖고 살아가는 그리스도인들조차도 어떻게 살아야 할지 몰라하며 고심하는 이들이 있다. 그러나 다른 거창한 것을 찾을 필요가 없다. 오늘 우리에게 맡겨진 일에 하루하루 최선을 다하면, 그것으로 우리의 임무를 다한 것이다. 각자에게 맡겨진 일이 다르다 할지라도, 다른 이와 비교하지 말고 내게 주신 은혜에 감사하며 살아가면 그것으로 족하다.

나의 보물, 나의 엔도르핀

　내가 지금까지 힘든 과정을 버티고 목회할 수 있었던 것은 아내의 헌신이 있었기 때문이다. 아내는 유년시절부터 미국에서 생활했었다. 어려움 없이 미국에서 생활하던 아내였기에 한국에서 개척교회 사모로 살아가는 것은 무척이나 힘든 일이었을 것이다. 그런데도 내게 큰 불평하지 않고 말없이 인내하며 버텨온 것은 하나님을 향한 믿음과 남편의 사역을 향한 신뢰, 그리고 삶을 대하는 내 열정을 높이 샀기 때문이라고 했다. 그러하기에 부모와 형제가 모두 있는 미국의 삶을 떠나 한국에 올 수 있었을 것이다.

　처가에서는 목회의 길이 얼마나 힘든 것인지를 아셨기에, 신학을 마치고 전도사가 된 나를 탐탁히 여기지 않으셨다. 은근히 내가 사업가로 살았으면 하는 바람도 있으셨다. 한번은 장모님의 동생이신 처이모님 댁이 사는 지역에 여행을 겸하여 방문하게 되었다. 그 댁은 사업을 해서 돈을 많이 벌었고, 이모부님은 그 지역 한인회장까지 지내셨다. 장모님은 그런 여동생이 내심 부러웠던 모양이다. 여행을 마치고 돌아오는 길에 넌지시 나를 떠보셨다. 그런데 장모님의 어조와 표정에서 단호함과 압박감이 느껴졌다.

"자네, 목회자가 되지 말고, 사업을 하는 것이 낫지 않겠나? 자녀들을 키우려면 돈이 있어야 하네. 사업을 해야 집도 장만하고 애들 공부 뒷바라지며 기반도 빨리 닦을 거 아닌가."

나는 너무 화가 나서 장모님께 대들었다.

"그렇게 돈 잘 벌고 좋은 집에 사는 사위를 원하신다면 지금도 늦지 않았으니 좋은 남자에게 시집보내세요. 전 목에 칼이 들어와도 사업은 하지 않을 것이고, 목회자로 살 것입니다. 장모님의 뜻이 그러시다면 아내와 이혼해 줄 테니 데리고 가세요!"

그러자 장모님도 화가 나셨다. 뒷좌석에 앉아 있는 아내에게 한마디 하셨다.

"너 어떻게 할래?"

"……"

"너도 고생길이 트였구나."

그 후 차 안에는 적막이 흘렀다. 아직도 집까지는 3시간을 더 달려야 하는데 분위기는 터지기 직전의 풍선 같았다. 그 시간을 어떻게 운전하고 왔는지 모르겠다. 이후 나를 겪어보신 처가에서는 다행히도 나를 신뢰하며 좋아하셨다. 우리가 한국으로 사역을 떠난다고 했을 때도 흔쾌히 허락해주실 정도였다.

한국에서 교회를 건축하고 난 이후부터 우리의 생활은 너무

나 힘들었다. 한 날은 아들이 아내에게 물었다고 한다.

"엄마, 우리 이제 어떻게 되는 거야?"

"걱정하지 마. 너희 아빠는 우리 가족 굶길 사람이 아니야. 아빠는 어떤 상황에서도 헤쳐 나갈 사람이지 이대로 주저앉을 분이 아니니, 너희들은 걱정하지 말고 하나님께 기도하며 학교생활 잘 해야 해."

그 후로 아이들은 경제 상황이 어려웠어도 부모 걱정할까 봐 묵묵히 학교생활을 잘해 주었다. 큰딸은 장학금을 받고 대학에 들어가는 게 부모를 돕는 것이라며 정말 열심히 공부했다. 나중에 교회 집사님이 우리 딸에 대한 말을 들려주었다. 집사님이 아는 지인의 딸이 집에서 이런 말을 했다고 한다.

"엄마! 우리 대학에 고등학교 선배 언니가 있는데 그 언니는 항상 학교 도서관에서 공부만 하고 있어. 심지어 학교 축제 기간 때도 도서관에 있어. 정말 대단한 것 같아."

내게 힘을 주려고 하는 말인지는 모르나 집사님은 다시 한번 강조해서 말했다.

"목사님 따님은 학교에서 오로지 공부만 한다던데요."

고생하는 부모를 생각해 열심히 공부한 딸은 3년 6개월 만에 조기 졸업을 할 때까지 전액 장학금을 받고 다녔다. 그뿐만 아니라 학교에서 중복 수령이 가능한 장학금까지 받으며 생활비를 보탰다. 졸업 후 바로 대학원까지 마치고 2년간 국책연구단지의 전문연구원으로 근무했다. 자신의 미래를 위해 미국에서 공부를 더 하기로 결심하고 박사과정에 들어가기 위해 착실히 준비하는 중이다.

아들 역시 중·고등학교 생활에서 한 번도 부모 속을 썩이지 않고 잘 견디어 주었다. 나중에 안 사실이지만 아들은 학교 급식 값을 1년 내내 한 번도 내지 못하고 학교에 다녔다고 했다. 학교로부터 수차례 독촉을 받았는데도 우리에게 말하지 않았다. 부모가 걱정할까 봐 말도 못 하고 혼자서 속앓이를 많이 했던 모양이다. 감사하게도 담임선생님이 아들을 잘 봐선지 학교 장학금을 수령할 수 있게 우리 아이를 추천해 주었다. 그 장학금으로 밀린 급식비 100만 원을 해결했다는 말을 들었다. 우리 부부는 마음이 찡했다. 아들의 속 깊은 마음이 기특하고 대견하면서도 미안한 마음이 들었다.

그럼에도 하나님께 감사한 것은 생활이 어려운 가운데서도 아이들이 웃음을 잃지 않았다는 점이다. 조잘조잘 얘기하며 서로 격려해 힘이 되었다. 주변의 많은 사람이 딸에게 묻는다고 한다.

"너는 어떻게 그렇게 엄마 아빠와 친구처럼 친밀하게 지낼 수 있어?"

이 모든 것은 하루아침에 이루어지지 않는다. 일찍부터 자녀들의 몸에 익숙해져야 한다. 나는 어려서부터 아이들에게 이렇게 얘기해왔다.

"일주일 중에 하루는 무슨 일이 있어도 가족과 함께 하는 시간이다. 주중에는 각자 친구들도 만나고, 하고 싶은 것을 해도 된다. 대신 주일에는 특별한 일 외에는 다른 약속을 하지 마라."

우리 가족은 항상 주일 예배 후에 영화, 찜질방, 여행, 저녁 식사 등을 함께하며 친밀한 관계를 유지하려고 노력했다. 그것이 우리 아이들이 밝게 자라는 데 도움이 되었다고 생각한다.

화목한 가정을 이룰 수 있었던 건 바로 믿음의 힘이다. 믿음 안에서 서로 고민을 나누고, 미래에 대한 비전을 나눈다. 그것을 위해 함께 기도하는 가정이 될 때 비로소 든든한 버팀목으로 살아가는 힘이 된다. 어찌 우리의 삶 속에 행복만 있을까. 세상 끝나는 날까지 근심과 걱정이 끊이지 않는 게 인생이다. 그러나 '지금보다 앞으로 더 나아지겠지'라는 마음으로, 스스로 행복한 사람이라고 생각하면서 믿음으로 나아갈 때 행복이 찾아온다.

많은 것을 가지지 못했지만 그럼에도 난 행복한 사람이다. 어려웠던 지난날 아내와 아이들이 한마음이 되어 견고한 가정을 만들었기 때문이다. 지친 마음과 몸이 쉴 수 있는 가정이 있는 것은 축복이다. 아무리 많은 재력과 능력과 지위가 있다고 한들 화목한 가정을 이루지 못한다면, 그 인생은 불행하다. 비록 가진 재물이 없어도 서로를 사랑하며 화목한 가정을 이루는 것이 최고의 행복이다.

실패가 가져다준 선물

　교회 건축으로 인해 본의 아니게 많은 사람에게 상처를 끼쳤다. 또 물질적인 손실을 끼치기도 했다. 어떤 이들의 눈에 비친 내 모습은 나쁜 사람, 악의가 가득한 사람, 뻔뻔한 사람, 상종하지 못할 사람, 더럽고 악취 나는 쓰레기 같은 존재이기도 하다. 나로 인해 마음의 상처를 받고, 물질적 피해를 보고, 신앙인으로서 시험에 들게 한 나의 모든 잘못과 구겨진 모습을 주님 앞에 내려놓는다. 내가 미처 알지 못하는 가운데 혹여 나로 인해 어려움을 당했을 분들께도 머리 숙여 용서를 구한다.

　깨뜨리심은 회복시키기 위한 하나님의 사랑이다. 인간 세상에서 성공과 실패는 종이 한 장 차이이다. 부와 명예를 거머쥐었거나 사회적으로 높은 지위에 올랐다 할지라도 한순간에 나락으로 떨어질 수 있고, 처참한 실패자로 낙인찍혔을지라도 인생의 마지막을 위대한 성공자로 장식할 수 있다. 대중의 사랑과 흠모를 한 몸에 받던 영향력 있는 지도자가 범법하거나 부도덕한 행실로 하루아침에 침몰하는 경우를 우리는 종종 목격하지 않았던가.

인생의 재건축은 자신의 능력을 믿고 시작한 일들이 무참하게 깨지거나 하나도 남김없이 망해서 바닥까지 내려가 본 사람들에게 가능한 일이다. 사람이 적당히 망하면 아무것도 건지지 못할 수가 있다. 하지만 삶의 터전은 말할 것도 없고 '나'라는 존재 자체가 깡그리 무너지는 '십자가 고통'을 통과하고 나면, 비로소 하나님이 창조하신 새사람(타락 전의 아담)으로 거듭날 수 있게 된다.

하나님께서 우리에게 허용하시는 실패의 진정한 목적은 무엇이 중요한 것인지 아닌지를 깨닫게 하고, 더 나아가서는 중요하지 않은 것들을 가지치기하도록 돕는 데 있다. 사도 바울이 교훈한 것처럼, 쓰레기와 배설물 같은 것들을 내가 손수 갖다버리지 않으면, '고난'이나 '실패'라는 환경을 허용하심으로써 주님이 깡그리 치워주시거나 교통정리를 해주신다. 그 가운데는 가족보다 더 소중히 여겼던 내 물질과 사업이 있었다. 생명처럼 여겼던 내 성공 이력과 명예가 있었다. 또 하나님보다 귀하게 여겼던 야심이 있었다.

성경은 우리에게 진정 중요한 것이 있다면, 그것은 오직 '영혼'과 '영원한 것'이라고 교훈하신다. 그 외의 나머지 것들은 다 썩은 쓰레기와 같은 것들이요, 이 땅을 떠나면 무용지물인 것들뿐이다.

하나님께선 이집트에서 노예 생활을 하던 이스라엘 백성들을 끌어내어 가나안 땅으로 이끄셨다. 하지만 그들은 하나님을 비리고, 우상을 섬기는 죄악을 범했다. 이에 진노하신 하나님은 주변의 국가들을 통해 벌하시고 흩으셨다. 하나님께서 이렇게 하신 이유는 이방 모든 족속으로 하나님을 섬기게 하기 위한 놀라운 계획과 전략이 있었기 때문이다. 자기 소견에 옳은 대로 행하는 습성을 지닌 이스라엘 백성(사사기 17:6, 21:25)의 '구원, 타락, 징계, 회개, 회복' 사이클은 오늘을 살아가는 인류의 구속사와 관련을 맺고 있다.

하나님께선 당신의 백성들이 실패할 때까지 가만두고 보시는 때도 있지만, 아예 높이 쌓은 것이 무너지기 전에 밀어서 무너뜨리시는 경우가 있다. 나 역시 이런 경험을 해보았다. 그동안 쌓아 왔던 것이 한순간에 무너지고, 저 밑바닥까지 내려가니 너무 힘이 들었다. 사람이 바닥까지 내려가니 비참한 생각이 들고 자존감도 깡그리 무너져 내렸다.

실패하기 전까지만 해도 사실 나는 세상에서 내가 제일 잘났다는 식의 자아도취와 자신감 충만으로 살아왔다. 하지만 바닥까지 내려가니 비로소 보이고 분리되는 게 있었다.

"이제 나는 아무것도 아니요, 아무것도 할 수 없습니다."

나의 참 실상을 깨닫게 된 것이다. 더욱이 내가 주님을 위해 일한다고 착각하며 벌였던 모든 일이 다 망해서 없어지고 나니, 결국은 내 영광과 내 만족을 위해 한 것임을 알았다. 어쭙잖은 물질과 사람의 능력을 믿고 내가 지닌 얄팍한 수단과 말재주로 바벨탑을 쌓으려 했다는 사실을 알게 되었다. 그런 것들이 다 없어지고 나니, 나는 완전히 '맹탕'에 '무용지물'이었을 뿐이다.

주님은 실패라는 환경정리를 통해 나의 삶 가운데 함께 해온 불필요한 것들을 모조리 제거하시고, 오직 중요한 것만 남게 하셨다. 육신의 관점으로 보면 내 가족들과 생명을, 영적으로 보면 '영혼'에 대한 사랑과 '영원'에 대한 사모함만 남게 해주셨다. 또한 하나님께서 왜 나를 깨뜨리셨는지를 알게 됐다. 그것은 나를 다시 회복시키시고자 하는 하나님의 초청이었다. 그 초청이 임했을 때 하나님께서는 나와 가족들을 놀랍게 회복시켜주셨다.

모든 것을 다 잃어버렸다 해도 영생을 얻고 주님 한 분을 얻는다면, 온 천하를 얻은 것보다 더 귀하다. 그와 더불어 실패의 최대 목적은 나를 발견하는 데 있다. 누구든지 실패를 통해서 '진정한 나'를 발견할 수 있다면, 그것은 실패가 아니라 위대한 성공이다. 사무엘하 7장에 보면 하나님께서 다윗을 축복해 주는 내용이 나온다. 그중 다윗의 후손들을 향해 하나님께선 이런 말씀을 하셨다.

"나는 그에게 아버지가 되고 그는 내게 아들이 되리니 그가 만일 죄를 범하면 내가 사람의 매와 인생의 채찍으로 징계하겠다(삼하 7:14)"

하나님의 깨뜨리심(실패. 고난)은 우리의 일상 가운데 늘 일어나는 일이다. 물론 깨뜨림을 당하면 아픈 것이 사실이다. 하지만 그렇게 하는 길이 사는 길이기 때문에 하나님께선 그렇게 하신다. 삶 속에서 그것을 잘 알아차리고 순종하면 더 큰 깨뜨림을 비껴갈 수 있다. 그러므로 성도라면 하나님의 이러한 채찍과 징계를 잘 감지해야 한다. 나 자신의 정직한 민낯을 발견하고 하나님께로 더 가까이 나아갈 필요가 있다.

하나님께서 우리를 깨뜨리실 때 그것을 통해 우리를 초청하시는 하나님의 손길을 볼 수 있어야 한다. 나를 회복시키고자 하는 하나님의 사랑을 느낄 수 있어야 한다. 하나님은 우리를 위해 당신의 아들까지 내어주신 분이다. 그런 분이 우리에게 무엇을 못하시겠는가. 하나님의 깨뜨리심은 나를 향한 하나님의 사랑이었다.

실패의 열매들

실패의 목적을 깨닫고 새사람이 되면, 서서히 실패의 열매들이 맺히기 시작한다. 물론 실패의 열매 가운데는 분노, 저주, 증오, 분쟁, 화병, 죽음 등 부정적인 것들도 있다. 반면 우리의 인격과 삶을 변화시키는 겸손, 온유, 오래 참음, 평안, 감사, 신뢰, 순종 등 놀라운 긍정적인 열매들이 맺히기 시작한다.

주님은 실패를 통해 내 불완전한 인격과 병든 자아를 다루기 원하신다. 자아가 드러나기 전에는 자아를 처리할 수 없다. 자아의 내면에는 온갖 흉측하고 더러운 것들이 다 들어 있다. 자아의 정체기다. 주님은 환경과 주위에 있는 사람들은 통해 자존심과 자부심으로 똘똘 뭉쳐 있는 나의 자아가 드러나게 하신다. 환경이 좋을 때는 누구도 자신을 볼 수가 없다.

주님은 내가 가장 싫어하고 또 나를 가장 불편하게 만드는 '원수' 같은 사람들을 내게 붙여주셔서, 나의 강퍅한 자아를 깨트리기 원하신다. 그러한 사람들은 끊임없이 내 주위를 맴돌면서 인정사정없이 나를 괴롭히고, 속을 박박 긁어 뒤집어놓는다. 비수같이 날카로운 말로 아픈 곳을 찌르고, 독한 말을 하여 마음에 상처를 준다. 그들은 수단과 방법을 가리지 않고 버튼을 눌러 나를 나쁜 사람으로 만들어버린다. 또 집요하게 나의 약점을 공격하거나 사람들 앞에서 모진 수모와 창피를 줌으로써, 시퍼렇게 살아있는 나의 자아를 다스려 가신다.

문제가 있다고 해서 환경이나 사람을 피해서 도망갈 수는 없다. 주님이 나의 자아를 깨트리고 처리하시기 위해 그러한 환경과 '천사'들을 보내주셨는데, 그 상황을 피해 가면 어떻게 변화를 받을 수 있겠는가. 주님은 내가 도저히 감당할 수 없는 이 지긋지긋한 환경을 통해 나를 죽이기 원하신다.

더 나아가서 실패는 최종적인 것도 치명적인 것도 아니다. 실패하고 망했다고 세상이 끝난 것이 아니다. 그러므로 염려하거나 두려워하지 말고 기억해야 한다. 내가 하나님을 버리거나 떠나기 전에는 하나님은 절대 나를 버리지 않으신다. 주님께서는 이렇게 말씀하신다.

"내가 결단코 너를 떠나지 아니하고, 결단코 너를 버리지 아니하리라!"

실패를 정당화하거나 핑계 대지 말고 실패를 사실 그대로 받아들이고 인정하면 된다. 내 실패를 조금도 변호하거나 포장하지 말고 액면 그대로 드러내야 한다. 또 다른 사람이나 환경을 탓하지 말고, 환경과 현실을 있는 그대로 수용하면서 하나님의 절대적인 주권과 섭리 앞에 온전히 순복해야 한다. 내가 내 삶의 모든 영역에서 전부 다 실패했음을 인정하는 것이다. 내 존재 자체가 실패자임을 시인하면 더 빠르다. 더불어 내가 망한 정도가 아니라 완전히 바닥을 쳤음을 사람들 앞에 시인하고 주님 앞에 겸손히 나아오면 된다.

생애를 통해 체험한 모든 실패를 다 잊고 극복하기란 결코 쉬운 일이 아니다. 그러나 진정한 십자가의 죽음을 거칠 때라야 그 일이 가능해진다. 잘나갔던 시절을 추억하며 자기연민에 빠져 지금 이 순간을 놓치고 있는 건 아닌지 점검할 때다. 왕년을 운운할 필요는 없다. 지금 현재가 중요하다. 서운한 마음과 미련도 품지 말고, 고통과 상처와 쓴 뿌리와 원망도 다 훌훌 털어버리면 된다. 그것들은 다 쓸데없는 에너지 소비이며 시간 낭비일 뿐이다.

그러므로 바울은 '내가 모든 과거를 잊어버리고, 오직 앞을 향해 달려간다.'라고 말했다. 그러니 이제 뒤돌아보지 말고 미래를 향해 새로운 인생의 여행을 떠나길 희망한다. 지금 실패가 세상의 끝이 아니며, 또한 나만 실패한 것이 아님을 기억하면 위로가 된다. 쓸데없는 신세타령이나 자기연민에 빠져 금 같은 시간을 낭비하지 말고, 망했다고 좌절하지도 말아야 한다. 죽을 것 같다고 엄살 부리는 것도 사치다. 신세타령도 아직 배가 부르고, 덜 급해서 하는 것이다. 자기연민이나 우울감마저도 괴물 같은 자아의 장난일 수 있다. 실패했다고 그 자리에 주저앉아 신세 한탄만 하지 말고, 자리를 박차고 일어나 미래를 향해 나아가면 된다.

성경에는 '탕자의 이야기'가 나온다. 그 이야기의 주인공은 미리 물려받은 둘째 아들은 아버지의 유산을 먼 나라에 가서 온갖 타락과 방탕한 일에 다 탕진해버리고, 결국에는 알거지가 되어서 돼지를 치는 막일을 하며 연명하게 된다. 문자 그대로 완전히 쫄딱 망한 것이다. 하지만 영어 성경(NIV)에 보면, "그가 정신을 차리고… 일어나 아버지께로 가니라"라는 말이 나온다. 그는 결국 아버지 집에 돌아가 완전히 새로운 삶을 살게 된다. 그러므로 이제 정신을 차리고 일어나서 미래를 향해 나아가는 일만 남았다.

미국의 어떤 정신학자가 빌리 그레이엄 목사님의 설교를 분석해서 발표한 적이 있다. 그분의 평가에 의하면, 빌리 그레이엄 목사님의 설교는 아주 단순하며 전혀 특별나거나 탁월한 점을 발견하지 못했다고 한다. 다만 한 가지 놀라운 특징이 있는데, 그의 모든 설교가 "하나님은 당신을 위해 위대한 미래를 준비해 두셨습니다."라는 선언으로 끝난다는 것이다.

참 소망의 메시지가 아닐 수 없다. 하나님은 분명 우리에게 두 번째 기회를 주실 뿐만 아니라, 놀라운 미래까지 예비해 두셨다. 늦었다고 생각되는 바로 그때가 절호의 시기요, 기회이다. 이제는 모든 것을 뒤로하고 새 출발 할 때다.

Chapter

06

'자비량 목회'를
말하다

일하는 목사 …

이중직 목회자를 바라보는 시선 …

'투잡(Two-Job)' 목회자를 응원하는 사람들 …

도넛 매장의 일상들 …

21세기형 목회자의 길 …

목회 패러다임의 전환이 필요하다 …

자비량 목회를 응원하는 창업 귓속말 …

일하는 목사

　이제부터는 필자가 이 책을 통해 밝히고자하는 목적과 핵심을 그동안의 경험을 통하여 말하고 싶다.

　목사이기 이전에 한 가정의 가장으로서, 또 교회의 리더로서 책임감이 막중했다. 주어진 일을 감당하기 위해서 난 일을 할 수밖에 없었다. 남들이 하찮게 여길 수 있는 노점 장사밖에 할 수 없었지만, 그럴 때마다 스스로를 위로했다.

　'남에게 피해를 주는 것도 아니고, 내가 열심히 노력해서 당당하게 돈을 버는 것이다. 진짜 부끄러운 것은 자기 자신을 속이고 남들에게 비굴하게 손 벌리는 것이다. 정직하게 수고하여 버는 금전이 가치 있는 것이다.'

　나는 평소에 아이들에게도 입버릇처럼 말했다.

　"부모가 노점에서 장사하는 것이 부끄러운 것이 아니다. 사기 치고 도둑질하고 나쁜 짓 하는 것이 부끄러운 것이다."

　성경 말씀에도 "일하기 싫어하거든 먹지도 말게 하라"(살후3:10)고 하셨다. 예수님도 목수의 일을 하셨다. 바울은 천막 짓는 일을 했고 베드로도 물고기 잡는 일을 하였다. 누가는 평생 의사로 하나님의 일과 세상의 일에 최선을 다했다.

일하는 목회는 성도들에게 물질적 부담을 주지 않아서 좋고 영혼도 살리고 물질의 억압에서도 자유로워지는 유익이 있다. 나는 목회와 일, 이 두 가지를 양립할 수 있어서 얼마나 감사한지 모른다. 일하여 얻어지는 수익으로 하나님의 사역에 투자하여 힘을 붙이는 것이야말로 '일거양득'이라 말할 수 있다.

또한 일하는 목사로 살게 하셔서 소신 있는 목회를 할 수 있음에 감사하고 일하는 목사의 자리에 있으니 성도들의 삶이 더 잘 보인다. 요즘, 코로나-19의 팬데믹 현상으로 더욱 어려워진 성도들의 삶을 일의 현장에서 함께 실감하며 읽어내게 된다. 함께 애쓰다 보니, 눈으로 보는 것이 전부인 양 성도들을 평가하는 목회자가 아니라, 그들의 삶을 생생히 이해할 수 있다.

우리는 가끔 공직자들이 탁상공론을 하는 걸 보면서 안타까워할 때가 많다. 그것처럼 우리 목회자들도 성경 말씀을 통해 성도들을 훈육하지만 그것이 전부가 아닐 때가 많다. 함께 경험해 보지 않고는 그 심정을 알 수 없는 부분이 현실이고 현장이다.

반면에 일과 목회를 병행하는 목사는 신실하지 못하다는 평가를 받기 쉽다. 작은 규모의 교회에 성도 수도 얼마 되지 않는 목사가, 교회 사역에 전념하지 못하고 일을 하는 게 웬 말이냐고 비난을 받을 수도 있다. 그러나 그들은 목회사역자의 형편과 상황을 알고 얘기하는 것이 아니라 지금까지 이해되어 온 목회의 패러다임에서 말하고 있는 것이다. 그래서 필자는 그런 뒷말들은 무섭지 않고 오히려 감사해 한다. 그런 비판과 조롱이 나 자신을 더욱 단단하게 만들어 주기 때문이다. 어찌 보면 그들이 있었기에 지금의 내가 있고 그들이 있었기에 내가 더욱 열심히 살아야겠다는 다짐을 하게 된다. 그래서 난 하루 24시간을 헛되게 쓰지 않으려고 노력한다.

일하는 목회자로서의 내 하루는 새벽 4시 20분에 맞춰 놓은 알람시계 소리를 들으며 시작된다. 잠자리에서 일어나면 차로 10여 분 되는 교회로 향한다. 새벽 5시에 새벽예배를 드리고, 기도까지 마치면 바로 도넛가게로 향한다. 6시에 가게에 도착하면 반죽부터 시작해 그날 판매할 여러 종류의 도넛을 만든다. 주문한 물건이 많은 날은 조금 더 늦어지지만, 평균 하루 분량의 도넛을 다 만들면 9시 40분에서 10시쯤 된다. 내가 가게에서 할 일은 거기까지다.

오전 10시에 퇴근을 해 집으로 오면 집안일을 해놓고 운동을 한다. 점심을 먹고 나면 특별한 약속이 없는 한 성도의 사업체나 직장에 심방을 가서 함께 점심을 먹으며 교제의 시간을 갖는다. 가정예배를 드리는 날인 매월 첫 주에는 성도의 가정을 심방하여 말씀을 전한다.

심방을 하는 날에는 집으로 가지 않고 바로 교회로 온다. 내 우선순위는 목회이다. 매일 교회로 출근을 한다. 난 놀아도 교회에서 놀자는 주의다. 특별한 일이 없으면 교회에서 말씀(설교) 준비, 책 읽기, 기도, 목양 등으로 저녁까지 머문다. 매월 토요일에 2번은 사회인이 된 딸이 엄마를 위해 가게를 봐주기 때문에, 이날은 아내와 함께 영화도 보고, 점심도 먹고, 때론 성도들과 저녁을 같이 먹으며 교제의 시간을 갖는다.

일하는 목사라서 교회 일에 소홀히 할 것 같지만, 여느 목사와 같이 목회 사역에 지장을 주지 않고 목양을 하고 있다. 오히려 일하는 목사이기에 더욱 더 열심히 목양에 힘을 쏟게 된다. 성도들은 가끔 그런 말을 한다.

"목사님은 아예 사업을 하시면 이런 고생을 안 하실 수 있는데요."

하지만 나는 그 무엇보다 목회가 좋다. 상황이 어쩔 수 없어 일은 하지만, 생계를 걱정하지 않을 수 있다면 온전히 목회에만 전념하고 싶은 마음이 항상 있다.

일하는 목사로 사는 것이 얼마나 행복한 일인지 경험해 보지 않고 어찌 알 수 있으랴. 작은 교회는 대부분 재정적으로 어려움을 겪을 때가 많다. 교회가 재정으로 어려워지면 목회자의 가정은 더 어렵다. 그럴 때 목사에게 자신만의 일이 있으면 교회 재정에 보탬이 될 때가 있다. 목사가 직업이 있으면 그 담임 목사 가정을 돌봐야 하는 전담책임을 지지 않아도 되기에, 그만큼 성도들의 부담은 줄어든다. 성도들과 함께 하나님의 나라를 위한 짐을 나누어지며 협력하여 선을 이루는 것이 하나님이 바라시는 교회라고 생각한다. 목사와 성도가 함께 교회를 세워 가면 서로 격려와 용기를 북돋아 주어 돈독한 관계로 이어질 수 있다.

일하는 목사로 산다는 것은 감사가 입에서 떠나지 않는 천국 백성의 삶을 직접 증명하는 삶이다. 작은 것에도 감사할 수 있는 마음을 주시고, 주님이 주신 일을 통해 베풀 수 있는 마음을 주신다. 어떤 사람은 힘들고 어려울 때면 원망과 남 탓을 하며 부정적인 에너지를 내뿜는다. 그러나 내 경우에는 일함으로써 내면에서 생기는 자신감으로 인해 많은 사람에게 긍정의 기운을 나눠줄 수가 있다. 주변의 사람들을 기쁘게 하고, 용기를 주고, 비전을 제시할 수 있는 지혜를 주시기 때문이다. 성도들은 일하는 목사를 싫어하지 않는다. 오히려 성도들의 삶과 형편을 알아주고 이해하기 때문에, 더 편안하고 친근하게 여기는 것 같다고 할까.

누가 무슨 말을 해도 난 도넛을 굽는 목사로 살아가는 것이 감사하고 행복하다. 두 가지 일을 병행하는 목사이기에 목회를 소홀히 할 거라고 생각한다면, 그것은 착각이고 오해다.

물론 일과 목회를 병행하는 목사로서 "그러면 그렇지. 일하는 목사는 어쩔 수 없어."라는 부정평가를 듣는다면, 일에 관해 재고해 보아야 한다. 사람마다 다 다르겠지만 적어도 난 일하는 목사이기에 목양에 더 많은 시간을 할애한다. 일하는 목사를 편견의 시선으로 바라보는 이들의 잘못된 관점을 벗겨주기 위해서뿐만 아니라, 그들에게 사단이 좋아하는 일을 만들어 주지 않기 위해 오늘도 최선을 다한다.

"목회와 일,
이 두 가지를 양립할 수 있어서 감사하다.
일해서 얻어지는 수익으로 하나님의 사역에 투자하여
힘을 붙이는 것이야말로 '일거양득'이다."

이중직 목회자를 바라보는 시선

담임목사의 가정이 경제적으로 안정되자, 성도들도 자기 일처럼 기뻐해 주었다. 매장이 생기면서 교회도 조금씩 나아졌다. 당시 우리는 교회 재정이 어려워 매달 임대료를 못 내 보증금을 다 날린 상태였다. 쫓겨나지 않기 위해 겨우 임대료 내기에 급급해하며 한 달 한 달을 버텨가던 중이었다. 그런데 매장 운영 덕분에 교회 임대료 걱정을 하지 않아도 되었다. 도넛가게 운영이 우리에게는 사막에서 오아시스를 만난 것과 같았다. 매장으로 인해 우리 가족들은 안정감과 자신감을 얻었다.

매장이 잘 되자 다른 한 부류의 사람들이 은근히 시샘을 했다. 교회 사역에 전념해야 할 목사가 도넛가게나 운영하는 건 목사의 직분에 어긋난다며 색안경을 끼고 비난했다. 안 그래도 마음 한구석엔 목사로서 목양에만 전념하지 못하는 것에 대한 부담감이 있던 터라, 들려오는 이런저런 소리에 심적 부담감이 생겼다.

물론 어느 정도 예상은 했던 일이었다. 노점에서 장사할 때 사람들의 눈을 피해 먼 거리를 이동하며 장사를 했던 이유가 바로 이런 문제로 사람들 입에 오르내리는 것이 싫어서였다. 그러나 막상 현실에 직면하니 다시 마음이 무거웠다. 어쩌면 도넛가게를 운영하는 동안엔 '주홍글씨'처럼 계속 안고 가야 하는 일일지도 모른다. 그만큼 우리나라 기독교 문화권에서는 목회자가 다른 일을 갖는 것에 대해 인식이 좋지 않은 편이었다.

그렇지만 목회 사역 외에 다른 생업전선에 뛰어들고 싶은 목사가 얼마나 되겠는가? 어쩔 수 없이 일해야만 하는 심정을 헤아리기보다는, 세속적인 목회자라며 비난부터 하는 그들의 시선이 적잖이 안타까웠다. 여러 날 고민이 되었는데 순간 미국에서의 생활이 생각났다. 미국에는 '투잡(Two-Job)'을 하며 교회에 헌신하는 목회자들이 많다. 당시 나는 두 아이를 키우는 가장이자, 공부해야 하는 학생이고, 교회의 전도사였다. 그런데 섬기는 교회의 성도 중에서 전도사인 내가 도넛가게를 운영하는 일로 담임 목사님께 불만을 제기했다.

어느 날 담임목사님께서 나를 불렀다. 뭔가 느낌이 불길했지만 어차피 한 번은 부딪혀야 할 일이었다. 식사가 끝날 무렵 목사님은 내게 도넛가게 운영에 대한 성도의 불만을 얘기하면서 시정 조치를 하는 게 어떠냐고 말씀하셨다. 나는 목사님께 도넛가게에 대한 운영상황을 모두 말씀드렸다.

"목사님의 목회에 누가 된다면, 저는 언제든지 사역을 그만두겠습니다."

사실 사역자가 별도의 일을 한다는 이유로 사람들에게 책잡히지 않으려고 나는 다른 사역자들보다 더 열심을 내어 교회 섬기는 일에 몸을 아끼지 않고 헌신했다. 그 자세는 그때나 지금이나 마찬가지다. 그런데도 일부 성도 중에는 사역자의 이중직을 못마땅하게 받아들였다. 그때 있었던 미국에서의 일을 생각하면, 지금의 상황 또한 당연할지도 모른다.

그러나 난 미국에서도 현실을 피하지 않았다. 당당하게 소신껏 살아왔던 날들이었다. 사람들의 이목이 중요한 것이 아니라, 하나님께서 허락해주시는 범위 안에서 시간을 쪼개 현실의 삶에 최선을 다하는 것이 내가 취할 삶의 자세라고 생각했다. 나도 모르게 마음 한구석에선 이런 말이 불쑥 나왔다.

'모든 사람을 만족하게 할 수는 없다. 어차피 세상은 두 진영으로 나뉘어 서로 다른 시각을 갖고 살아갈 수밖에 없다. 그렇다면 당당하게 소신껏 내게 주어진 일에 매진하자.'

그렇게 결단을 내리고 나니 마음이 한결 가벼워졌다.

'투잡(Two-Job)' 목회자를 응원하는 사람들

도넛가게 인근에 교원대학교가 있다. 교원대 연수원에선 매년 교장, 교감, 원장 자격 연수가 자주 열렸다. 연수원에 연수를 받으러 오는 분들이 핸드폰으로 인근 맛집을 검색해 식사하는 풍경은 흔했다.

어느 날 우리 가게에 한 분이 맛집 검색을 보고 찾아왔다. 경기도 수원에서 교사로 봉직하면서 '교장 자격 연수'를 받으러 오신 분이었다. 연수받는 동안 도넛이 맛있다고 2차례나 오셨는데, 알고 보니 작은 교회를 섬기는 권사님이었다. 아내와 신앙에 관해 얘기를 나누던 권사님이 자신이 섬기는 교회 이야기를 꺼냈다. 자신이 출석하는 교회가 개척교회인데, 재정적인 어려움이 많다고 했다. 교회와 담임 목사님을 많이 도와드리지 못해 안타깝다는 권사님의 얘기를 듣고 있던 아내는 그제야 우리 소개를 했다. 목회자가 도넛가게를 통해 얻을 수 있는 유익한 점들을 있는 그대로 나눈 것이다. 그 권사님은 연수를 마치고 집에 돌아가던 중에도 도넛가게에 들러 커피와 도넛을 구매하시면서 소망의 말을 남기고 가셨다.

"우리 교회 목사님도 이런 매장 하나 했으면 좋겠어요. 여기 도넛 한 박스는 담임 목사님 갖다 드리면서 도넛가게 이야기를 나눠보려고요."

그분의 얘기를 들으면서 성도들 가운데 목회자가 일하는 것에 대해 모두가 부정적인 것만은 아님을 알았다. 그로부터 얼마 뒤였다. 극동방송에서 목회자가 도넛가게를 운영한다는 소식을 들었다면서 인터뷰 요청이 들어왔다. 담당 피디와 인터뷰를 했다. 아침 출근 시간에 방송되었는데, 많은 사람이 그 방송을 들었다고 전화가 왔다. 어떤 사람은 일부러 시간을 내서 도넛가게를 찾아오신 분도 있었다.

"방송에서 목사님이 도넛가게를 운영하며 사역하신다는 소식을 듣고 존경스럽다는 생각이 들었어요. 그래서 꼭 한번 뵙고 싶었지요."

그분이 내게 건네 온 인사가 하나님의 위로처럼 들렸고, 내 마음에 보람으로 차올랐다. 또 한 번은 책을 사러 기독교 백화점에 들렀는데, 운영자이신 그곳 권사님이 극동방송에서 내가 출연하는 방송을 들었다며 무척 반가워하셨다.

그 외에도 많은 선교사, 목사, 집사 등 재정적인 어려움을 겪고 있는 교회와 관련된 분들이 찾아와 격려의 말씀들을 많이 해 주셨다. 어떤 분들은 도넛 기술을 배워 매장을 열고 싶은 분들도 있었다. 선교사님들 가운데는 도넛 기술을 배워 선교지에서 사역하는 일에 도움이 될 수 있으면 좋겠다는 말씀도 하셨다.

이런 일들이 있는 후부터는 도넛가게를 운영하는 일에 더 자신감을 얻었다. 목사가 일하는 건 비난받을 일이 아니다. 소신과 확신 가운데 목회자로 최선을 다하는 것이야말로 하나님의 일꾼으로 사는 삶이다.

도넛 매장의 일상들

우리 매장은 어느새 많은 사람이 만나는 장소가 되었다. 친구와의 따뜻한 수다를 위해, 조용히 혼자 남은 업무를 보기 위해, 허기진 배를 채우기 위해, 그저 단 것이 생각나서 등 갖가지 목적으로 찾아오는 손님들에게 사랑방의 역할을 톡톡히 해냈다. 이 동네에는 시골 향취가 있는 순수한 분들이 많다. 훈훈한 사람들이 뿜어내는 향기고 일상의 기쁨이 매일 차올랐다. 나는 그들을 통해 나 자신을 돌아보며 성찰의 시간을 가질 때도 있다.

매장에 있는 시간이 훨씬 많은 아내는 그 날의 일과가 끝나면 종종 내게 매장의 일상을 들려준다. 아내가 들려준 간증을 들으면 아내의 하루와 매장의 풍경이 고스란히 보인다.

하루는 친구 사이로 보이는 네 명의 사람들이 커피숍에 들어왔다고 한다. 배가 부르니 커피는 두 잔만 주문하고, 같이 나눠 마시려 하니 빈 잔을 두 개 더 달라고 했다. 그래서 종이컵을 두 개 주었더니 인심이 야박하다며 불쾌해했다. 손님들이 편하게 드시라고 종이컵을 드린 것인데, 그런 말을 듣고 보니 왠지 마음이 편치 않았다. 아마도 그 사람은 머그컵에 반반 나눠 마시려고 했던 것 같다.

당시 아내는 어깨에 석회석이 끼여 팔을 움직이기가 어려웠다. 통증까지 있어서 가급적 팔을 안 쓰려고 하지만 장사하는 사람이니 마음대로 되지 않는다. 손님 편에서는 별 것 아닌 것 같지만 하루 종일 여러 손님을 받고 머그컵을 설거지하는 일은 주인의 처지에서는 꽤 힘든 일이다. 아내는 내심 자기 입장만 생각하고 면박을 주는 손님이 밉기만 했다. 속으로는 사람 수에 맞게 주문해서 마시면 되는 것 아니냐고 따지고 싶었지만 꾹 참았다.

아내는 이런 일이 있을 때마다 마음속에서 분노가 일어났다. 그렇지만 시간이 조금 지나면 또 후회하는 마음이 든다. 그리스도인으로서 본이 되지 못한 것 같아 자책이 되는 것이다. 모든 걸 내려놓아야 한다고 생각하면서도 마음대로 되지 않는 인간 본성이 나타날 때마다 괴로워했다.

'하나님, 오늘도 네 이웃을 네 몸과 같이 사랑하라는 말씀대로 살지 못했습니다. 여전히 미성숙한 저를 용서해 주세요.'

또 나는 일찍 장사 준비를 해놓고 설교를 준비하러 나가니, 매장 안에는 아내 혼자 있을 때가 많다. 그러면 손님 중에 간혹 묻는 이들이 있다고 한다.

"남편분은 뭐 하시는 분이세요?"

"네, 그냥 다른 일 해요."

아내의 마음이 떳떳하지 못해서라기보다는, 혹시 자신의 잘 못된 말과 행동으로 인해 교회와 하나님을 욕되게 할 수 있다는 생각에, 남편이 목사라고 당당히 말하지 못할 때가 있다고 했다.

그러나 신앙을 가진 어떤 손님들은 아내가 교회 사모란 걸 알게 되면 무척 반가워했다. 서로의 신앙생활을 얘기하며 본 교회에서 고민되는 얘기를 나누며 엉켰던 마음을 풀고 갔다. 같은 사모인 분들, 임신과 출산으로 우울증에 걸려 힘든 사람들, 교회 생활이 어려운 사람들이 와서 남편 이야기, 친정집 이야기 등 이런저런 이야기를 나누다 보면 성령께서 그 문제의 해답을 찾게 해 주실 때도 있다. 그러면서 그분들이 행복한 모습으로 돌아가는 모습을 볼 때 뿌듯한 마음이 든다는 것이다. 언제든지 이곳에 오면 항상 반갑게 맞아 주는 사모가 있어 감사하다는 이들을 볼 때, 이곳이 하나님의 사역지라는 생각이 들 때가 많다고 한다.

한번은 나도 같이 매장에 있을 때다. 어느 날 젊은 부부가 들어왔다.

"안녕하세요, 목사님? 저희는 세종에 삽니다. 극동방송을 듣고 찾아왔어요. 방송을 듣다가 목사님이 하시는 도넛가게가 청주에 있다는 소리를 듣고, 청주 처가에 가던 길에 들렀습니다."

자신들을 모 교회에 다니는 성도라고 소개했다. 그러면서 자연스럽게 교회와 신앙에 관한 이야기로 이어졌다. 오랜 시간 매장에 머무르게 되었는데, 남편 되시는 분이 갑자기 부탁을 해왔다.

"목사님, 사실은 제 아내가 임신 중인데 아직 아기 이름을 못 지었습니다. 목사님이 아기 이름을 지어주었으면 좋겠습니다."

뜻밖의 부탁이었지만 마음이 좋았다. 서로 이런저런 아기 이름을 떠올리다가 '하준'이라는 이름이 좋을 것 같았다. 그 부부도 너무 좋은 이름이라며 그것으로 정하겠다고 했다. 처음 온 손님이지만 서먹서먹하지 않고 마치 오랫동안 알고 지낸 사이처럼 교제가 이루어졌다. 그 이후 처가에 갈 때면 항상 들러 아기가 성장하는 모습을 보여주었다.

"목사님이 이름 지어준 하준이가 이렇게 많이 컸어요."

얼마나 흐뭇하고 기쁜지 모른다. 대학이 가까이 있어 교환 학생으로 온 외국 학생들도 자주 찾아온다. 통역이 필요할 때면 사모를 찾아와 문제를 해결하는 학생들도 있다. 룻이라는 학생은 일주일에 3, 4번씩 찾아와서 한국어 공부를 한다. 다양한 민족과 사람들을 만나 소통하고 서로 섬기는 일을 할 수 있어 기쁘다. 믿음의 교제 처소로 삼아 주시는 하나님의 축복이 느껴질 때가 많다. 신앙 안에서 여러 사람과 좋은 일을 함께 나눌 수 있도록 도넛과 커피숍을 주신 하나님께 감사한다.

사실 목회자의 가정이다 보니 만나는 사람들이 제한되어 있다. 믿음의 공동체에서 신앙인들만 바라보며 살던 삶이 '도넛 & 커피' 매장을 통해 신앙을 갖지 않은 사람들과도 매일 만난다. 가만히 있어도 들리는 그분들의 대화에서 때로는 아찔하기도 하고 때로는 가슴이 아프기도 하다. 그런 만남을 통해 이 땅에서의 참된 삶이 무엇인지 더 자주 생각하게 되고, 믿음을 가지고 살아가는 삶이 얼마나 귀한 것인지를 새삼 느낄 때가 많다. 참 진리를 찾지 못해 괴로움과 아픔에 시달리는 사람들을 볼 때면, 그들이 하나님을 만나 기쁨과 감사와 안식과 평화가 넘치기를 기도하는 마음을 갖는다.

21세기형 목회자의 길

나는 이른 새벽에 일어나 어스름한 여명을 가르며 도넛가게로 출근한다. 그런 뒤 도넛 반죽을 만들어 다양한 종류의 도넛을 만들어놓는다. 매장을 가득 메우는 찬양을 따라 부르며 도넛을 만드는 이 시간은 이곳 일터의 주인이신 하나님께 나의 하루를 의탁하는 기도의 시간이자, 가족의 생계와 고객을 위해 바치는 나의 오롯한 노동의 순간이다. 나머지 매장 운영은 아내가 맡아 하고, 나는 곧바로 설교준비를 위해 교회로 향한다. 그렇게 쌓아온 시간이 어느덧 8년째를 맞는다.

우리 성도들은 내가 하루 종일 어디에서 무얼 하고 있는지, 마치 눈앞에서 보듯이 내 일과를 훤히 알고 있다. 예전에는 도서관에서 있는 시간이 많았지만, 코로나로 인해 지금은 교회에서 대부분의 시간을 보낸다. 우리 교인들은 공동체에서 단 한 사람도 이탈하지 않고 지금까지 함께해왔다. 그래서 내가 얼마나 간절한 마음으로 말씀을 준비하고, 성도들의 영혼에 필요한 꼴을 전하려 애쓰는지 대체로 잘 알고 있다. 물론 이중직 목회를 하다 보면 이런저런 교회 행사는 거의 못하는 편이다. 아무래도 시간의 제약을 받을 수밖에 없다. 그러나 사역자인 나와 우리 성도들의 마음은 신뢰로 끈끈하게 이어져 있다.

일하는 목회자로 사는 내가 가장 자신 있게 말할 수 있는 건 성도를 향한 사역자의 이해도이다. 우리가 흔히 성도를 심방하며 그의 삶을 얘기할 때, 입으로는 얼마든지 성도들의 노력을 치하할 수도 있고, 어려운 상황에 처한 그들에게 조언도 할 수 있다. 그러나 감히 말하건대, 생계를 위해 새벽부터 일하는 직업인이 되고 보니 성도의 삶이 얼마나 고되고 어려운지 진심으로 이해할 수 있다. 그들의 헌금이 어떻게 해서 드려지는 것인지, 그들이 직장 일을 마치고 참석하는 예배가 얼마나 귀한 선택이었는지 알기에 마음속에서 깊은 동지애가 생긴다. 무엇보다도 성도들과 직업인으로서의 소통이 가능한 것에 보람을 느낀다.

특히 우리 부부는 목회자라고 해서 성도들에게 섬김만 받지 않는다. 성도들과 나는 하나님 앞에 동등한 자녀의 삶을 살며, 내가 할 수 있는 것이라면 내 손으로 섬기고 싶기 때문이다. 성도의 많고 적음과 건물 교회를 채우는 일은 이제 다변화하는 시대에 우선순위가 되지 못한다. 직접 일을 해 보니 목회자가 당당해지려면 성도의 헌금에 삶이 좌우되는 일이 없어야 한다는 생각이 들었다. 그것이 요즘 같은 전염병의 이유든 다른 경제적인 이유든 이제는 목회자도 자신이 하나님께 부여받은 고유한 재능으로 각자의 생활을 책임져야 한다는 생각이다.

특히 직장은 전도의 접촉점이 되는 최적의 장소다. 목회자도 직접 현장에서 사람들을 만나면 전도에 대한 성도들과의 거리가 한결 좁혀진다. 서로 직장에서 전도해야 하는 입장이기에, 오히려 이러한 절대 사명에 함께 순종하자고 더욱 간절하게 호소할 수 있다.

하나님은 누구에게나 소명적 생계를 위한 재능을 부여하신다. 공동체나 개인에게 해를 끼치는 일이 아니라면 어떤 직업에도 사명이 존재한다. 목회자에게도 마찬가지다. 이번 코로나 19 펜데믹을 겪으며 더욱 분명하게 깨달은 것 중 하나는 우리 한 사람 한 사람이 직장에 보냄을 받은 선교사요, 교회라는 사실이다. 세상에서 하나님의 사랑을 보여주는 삶이야말로, 교회 건물의 부흥보다 우선한 본질이요 과제라 할 수 있다. 물론 그 길을 찾아가는 데엔 수많은 우여곡절과 실패들이 필수적으로 따라온다. 그러나 그것이야말로 자기다움을 찾는 길이라 여긴다. 하나님이 각자에서 부어주신 재능은 우리의 직업적 소명을 찾는 데 가장 강력하고 분명한 사인(sign)이 된다고 믿는다.

목회 패러다임의 전환이 필요하다

현대인들이 가장 많은 시간을 보내는 곳은 직장이다. 인생의 40% 이상을 직장에서 보내는 셈이다. 직업은 그 자체가 하나님이 개개인을 향한 부르심이다. 우리 인간의 생각에는 직장을 갖는 제 일 순위가 돈을 벌기 위해서라고 생각하겠지만, 그 안을 가만히 들여다보면 궁극적으로는 사람과의 관계를 통해 하나님을 섬기는 일을 하고 있다. 그래서 직장은 구원받은 우리가 하나님의 거룩함을 회복하는 가장 일차적이고도 구체적인 선교의 장소요, 내가 그리스도인으로 살아갈 수 있는 가장 분명한 장소가 된다.

나는 그리스도인의 모든 직업에는 직업을 통한 선교의 소명이 있다고 믿기에 이중직 목회자에 대한 새로운 기준을 제시하고 싶다. 현재까지 이중직 목회를 하는 일부 목회자들은 대부분 생계형으로 출발했다. 개척을 하면 2~3년은 일정 금액을 모교회나 교단으로부터 지원을 받지만, 모든 개척교회가 똑같이 숫자적인 부흥을 할 수는 없다. 그러다 보면 자연스럽게 생계를 위한 염려가 생길 수밖에 없다. 이때부터 전담 목회만이 사역의 전부인가, 아니면 이중직 목회자로서의 새로운 길을 모색해야 하나 진지한 고민이 시작된다. 그리고 그중 소수만이 용기를 내어 이중직 목회자의 길을 걷는다.

그러나 이런 목회자들에게 돌아오는 건 비아냥과 비판이 대부분이다. 소위 교회 부흥에 실패하고 낙오된 목사가 자기 무능을 합리화하기 위해 이중직의 타당성을 핑계한다고 매도되는 일이 많다. 사실 생계가 해결된다면 이중 삼중고를 짊어진 듯한 이중직 목회를 하려는 목회자는 많지 않을 것이다.

코로나가 아니더라도 최근 수많은 미자립 교회 목회자들이 교회 문을 닫는 사례가 속출하고 있다. 교인 수 감소와 그로 인해 제반 시설비와 생계를 감당하지 못해서이다. 분명한 것은 교인 수의 감소 현상을 목회자 한 사람의 능력이나 책임으로 돌릴 수는 없다는 점이다.

교인 수가 감소하는 데에는 여러 가지 요인이 있다. 오랜 시간 누적되어 온 교회 지도층의 윤리적 문제나 교회 분쟁 등에 실망해 교회 출석에 의미를 두지 않는 경우도 있고, 코로나로 인해 본격적으로 인터넷 설교에 맛 들인 경우도 있을 것이다. 그런가 하면 여가의 확대로 공간개념의 교회에 대한 애정이 줄어들었을 수도 있고, 갈수록 심화되는 저출산 문제와도 무관하지 않을 것이다. 또 지금처럼 목회자 과잉 배출도 개척교회들을 경쟁으로 몰아넣는 요인이 된다. 교회 건물이 부동산 급매물로 나오는 등의 현상은 사회에서 바라본 교회의 부정적인 면을 드러낸다. 기독교 선교에 악영향을 끼치는 건 물론이다.

이제는 목회자들도 일에 대한 개념을 확장할 때가 되었다. 정해진 시간에 예배를 드리고 설교와 심방만을 목회자의 주된 사역으로 규정하는 시기는 지났다고 생각한다. 교회 안에서의 활동으로만 목회 사역의 범주를 제한하는 것도 한계에 달했다. 그래서 목회자의 품위를 손상하지 않고 목회의 의미를 왜곡하지 않으면서도 접근 가능한 '목회자 이중직 영역 개발'이 필요하다.

일은 하나님이 허락하신 선물이다. 어찌 보면 일은 삶의 본질과 맞닿아 있다. 자신에게 주어진 일에 충성하는 것이 하나님이 기뻐하시는 삶이 아닐까. 어떨 땐 각자의 열정에 따라 일이 믿음 생활을 앞서갈 때도 있지만, 일은 인간존재를 성숙하게 하고 만물과 인간관계 속에 깃든 하나님의 섭리를 깨닫게 해서 하나님께 더 가까이 가도록 돕는다.

목회자의 이중직은 성경적이고 신학적이며 역사적으로도 바람직한 하나의 유형이었다. 특히 사도행전에서의 초대 교회만 보더라도 이중직 목회는 일반적인 개념이었다. 세계 기독교 전파에 획을 그은 바울 사도는 '텐트 메이커(Tent maker)'로 일하며 자비량 사역의 본을 보여주었다. 오히려 기독교가 로마의 국교가 되면서 전문 목회자와 평신도가 구분된 것이다. 루터나 칼뱅의 직업 소명설에 비춰볼 때도 이중직 목회는 이상한 일이 아니다. 성도들이 몸담은 세속적 직업이 바람직한 삶이라면, 목회를 하면서 세속의 일을 하는 것도 자연스러운 일이다.

그러나 이중직 목회의 필요성과 당위성은 비단 생계 문제만은 아니다. 교회는 세상과 단절되어 있지 않다. 교회와 사회는 언제든지 하나의 가치와 믿음으로 합력해야 할 관계다. 무엇보다도 교회 공동체에 있는 교인들은 직업을 통해 사회 공동체와 밀접하게 관계되어 있다.

코로나로 인해 온라인 예배가 급부상하면서 온라인 예배가 참된 예배인가 아닌가에 대한 논란이 뜨겁고, 지금도 계속되고 있다. 앞으로도 당분간은 끊이지 않는 화두가 될 것이다. 그렇듯 이제는 교회가 공간개념으로서만 머물러 있을 순 없다. 마찬가지로 목회자도 교회 안에서의 전담 목회만이 정의라고 말할 수는 없다. 목회자와 성도 모두 어디에 어떤 모습으로 있든, 개인으로서의 존재 그 자체가 교회요 목적이 된다면 충분히 성숙한 신앙이라 할 수 있다. 이중직 목회자가 누릴 수 있는 가장 큰 유익은 삶으로 목회를 증명할 생생한 기회를 얻는다는 데 있다.

자비량 목회자를 응원하는 창업 귓속말

목회와 노동을 병립하는 목회자들의 경우, 과도한 시간을 쏟거나 힘에 부치는 육체노동에 집중하기는 어렵다. 일을 마치기 전후엔 해야 할 목회자만의 영역과 시간이 절대적으로 필요하기 때문이다. 그래서 쉽게 찾는 게 커피나 도넛, 빵, 샌드위치 등 간단한 간식거리를 제공하는 카페형 일터다.

자영업을 시작하려는 사람 가운데 상당수가 음식 관련 업종 운영을 만만하게 보는 경향이 있다. 돈이 되겠다거나 이만하면 먹히겠다는 식의 검증되지 않은 '자만'은 결국 실패로 귀결될 확률이 높다. 요즘엔 열에 아홉은 카드로 결제를 하기에 수입을 감추기도 쉽지 않다. 또 웬만한 자영업 업종은 이미 포화상태다. 어마어마한 경쟁 상태에서 특별하지 않으면 개업 후 1년을 넘기기가 쉽지 않다. 카페도 마찬가지다.

사람들이 흔히 하는 오해 중 하나는 커피가 '음식'이라는 사실을 간과한다는 점이다. 사실 커피에 대한 평가는 사람마다 선호하는 기호가 분명하여 맛의 기준을 정확히 제시하기는 어렵다. 나도 개업 후 오랜 시간 동안은 알게 모르게 커피로 인해 마음고생을 많이 했다. 그 이유 중 하나는 우리 매장에서 내리는 커피 맛에 대한 자신감 때문이었다. 실제로 많은 고객은 커피 맛에 후한 점수를 주었고, 우리 또한 그 맛을 유지하는 가운데 더 나은 맛을 찾기 위해 부단히 노력해왔다. 그럼에도 내게 부족한 것이 2가지 있었다.

고객이 탁 트인 공간에서 여유를 가지고 커피를 마시기에는 매장이 협소하다는 것이고, 도넛 매장이 번화가에서 벗어난 외곽의 한적한 도로변에 위치한다는 점이다. 카페라는 특성과 카페를 찾는 고객들의 보편적 기대치를 파악하지 못한 채 오로지 도넛 맛에 대한 자신감으로 의기양양해 있었다. 그런 데다 가격까지 저렴하니, 당연히 단골이 줄을 설 것이라고 멋대로 믿었다. 매장을 운영하면서 나중에 알게 된 것은, 우리 카페는 옆 사람의 대화가 고스란히 들려 여유 있게 커피를 마시기엔 불편한 장소였다는 사실이다. 그런 의미에서 작은 카페는 매력이 떨어질 수밖에 없다. 그걸 깨닫기까지 오랜 시간이 걸렸다.

결론부터 얘기하자면, 맛좋은 도넛과 커피, 그리고 이익을 적게 보는 대신에 많이 판매하겠다는 박리다매(薄利多賣) 전략에 답이 있었다. 어떻게든 많은 손님이 찾아오는 매장이 되어야 한다. 1,000원에 2개인 꽈배기를 사 드시는 분도 있지만, 그런 손님들이 단골이 되면 자주 찾거나 가끔 단체 주문을 하는 등 차츰 높은 이윤이 창출되는 것이다. 싸고 맛있는 도넛을 많이 파는 게 작은 카페의 한계를 뛰어넘을 수 있는 비결이다.

우리 매장은 좋은 원두를 사용한 커피로 손님들을 잡았고, 그 외 도넛 제품도 유명 브랜드보다 30% 더 낮은 가격으로 판매했다. 넓고 쾌적한 카페에 비해 장소도 좁은데, 아무리 커피 맛에 자신이 있다고 해도 같은 값으로 경쟁하려는 건 솔직히 욕심이고 시장을 제대로 읽어내지 못한 결과다. 물론 내가 그렇게 하는 것에 대해 주변의 만류도 많았다. 하지만 남들이 보는 비정상이 정상을 이기는 걸 보여주고 싶었다.

불황과 무한경쟁이라는 단어는 현대인에게 떼려야 뗄 수 없는 고질적 용어다. 그러나 세상 탓을 하기엔 오늘의 내 삶이 더 급하고 거룩하다. 혹시라도 이중직으로 도넛카페 창업을 준비하는 목회자가 있다면, 내 경험으로 크게 3가지를 말해주고 싶다.

첫째, 내가 정말 도넛을 좋아하는 사람인지 자문해야 한다.

무엇보다 성공하는 카페 창업이 되려면 도넛에 대한 열정이 있어야 한다. 아무리 좋아서 시작한 일이라도 익숙해지면 나중에는 그 일에서 즐거움을 느끼기 어렵고, 생계를 위해 어쩔 수 없이 하는 일이 되고 만다. 그러기 위해서는 내가 정말 도넛을 좋아하는 사람인지, 도넛 외에 다른 대안 창업은 없는지 진지하고도 꼼꼼히 살펴야 한다. 도넛을 좋아하지 않는 사람이 도넛을 팔 경우, 단지 파는 것에만 집중하기 때문에 도넛 맛에 대한 연구나 기타의 변화에는 별 관심이 없다. 이런 분들은 얼마 못하고 위기에 직면하기 쉽다. 도넛 맛에 변화를 주는 등의 노력을 하기보다는 손쉽게 다른 일로 눈을 돌리려다가 더 큰 낭패를 겪을 수도 있다.

둘째, 바리스타로서의 실력을 제대로 쌓아야 한다.

요즘은 원두커피의 소비 증가와 더불어 1,500원짜리 편의점 커피가 불티나게 팔린다고 한다. 맛은 조금 떨어져도 엄연히 원두커피이다. 주머니 사정이 넉넉하지 못한 고객들이라면 맛보다는 커피를 마신다는 목적으로 계속 구매하게 된다. 그러다 보니 잘 되는 곳은 하루에 수십, 수 백잔 정도가 나간다고 한다. 그런 현상이 계속된다면 편의점보다 상대적으로 높은 가격으로 인해 어려움을 겪을 수 있다. 그래서 바리스타의 꾸준한 실력 양성은 이런 경쟁 사회에서 가장 기본 능력이 된다. 요즘 같은 시기엔 가족형 카페를 통해 커피 맛을 일정하게 유지하며 제대로 된 커피를 제공해야 한다. 할 수만 있다면 개점 전, 영업 중, 영업 후에 그날의 커피 맛이 일정한지 확인하는 게 좋다.

셋째, 장사가 잘 되게 하려면 어떤 순간이든 성실해야 한다.

도넛과 커피 맛이 좋아도 사장이나 직원이 불친절하다면, 고객과의 소통이 원활히 이루어질 수 없다. 그건 자연히 매출 감소로 이어진다. 그리고 영업시간을 철저하게 지켜야 한다. 개점 시간은 물론 마감 시간을 잘 지켜서 우리 매장에 찾아오는 고객의 믿음에 호응해 주어야 한다. 그래야 고객은 언제든 안심하고 카페를 찾는다. 이런 준비가 되었다면, 늘 겸손한 마음으로 배우고 또 배우는 자세를 가지라고 말하고 싶다.

"우리 매장은 좋은 원두를 사용한 커피로

손님들을 잡았고,

도넛 제품도 유명 브랜드보다

30% 낮은 가격에 판매했다.

주변의 만류도 있었다.

하지만 남들이 보는 비정상이

정상을 이기는 걸 보여주고 싶었다."

맺는 글

"목사님, 사실 우리 성도들은요. 정말 고통스러운 일이 생기면 기도가 안 나와요. 기운이 쭉 빠져서 누워만 있어요. 목구멍이 포도청이라 직장에는 나가지만 사는 게 사는 게 아녜요. 하나님이 나를 버리셨나 하는 생각도 들고, 내가 뭘 잘못해서 벌을 받나 하는 생각이 들어서 힘들어요. 그때 내가 하는 고생을 하나도 모를 것 같은 사람들이 와서 그럴싸한 말로 위로하죠. 모든 건 기도로 이겨내야 한다든지, 기도하지 않아서 그렇다느니 해요. 그러면 아파하고 슬퍼하는 그 시간조차 죄처럼 느껴져요. 그러면서 속으로는 '저 사람도 나와 같은 일을 겪으면 그때도 기도하라는 소리가 먼저 나올까?' 싶기도 해요. 그런데 우리처럼 직장에서 수고하며 삶의 질펀한 역경을 겪은 목사님이 위로해 주시면, 그땐 진짜 위로가 되죠. 힘도 나고요. '우리 목사님은 살고 싶지 않을 것 같은 고통 속에서도 낙심하지 않고 항상 기도하셨지, 견뎌내셨지, 기뻐하셨지.' 하면서요."

도넛 굽는 목사

나는 교회 건축 시작과 실패, 다시 재기한 지금에 이르기까지 차마 말로 다 표현하기 어려운 위기와 역경을 지나왔다. 여기에 털어놓은 이야기는 예리한 면도날처럼 매서웠던 현실을 꾹꾹 눌러 뭉뚱그린 수위에 불과하다. 이제는 지나간 일이기도 하거니와 사람에게서 당한 일에 대한 아픔보다는, 어떤 순간에도 나를 놓지 않으신 하나님 아버지의 은혜와 사랑이 더 컸기 때문이다.

다만 이 모든 얘기를 털어놓은 진짜 이유는 그 누구에게 섭섭함도 아니요, 이 일을 통해 내가 진실로 붙잡아야 할 분이 누구신지를 절절하게 확신하게 됐다는 점 때문이다. 나와 같은 처지에 놓인 동료 사역자 및 후배 목회자 중 어느 한 사람이라도 조금은 덜 아프게 이 어려운 시기를 넘어갔으면 하는 바람에서다.

전업 목회자와 일하는 이중직 목회자를 양분하여 이중직 목회자에 대한 일방적 이해를 구하고자 하는 말이 절대 아니다. 다만 이제는 일하는 목회자에 대한 불편한 시선과 정죄하는 듯한 사고를 벗고, 21세기 목회자가 나아가야 할 방향에 대해 심도 있는 인식 재고가 필요하다는 생각에서다.

코로나 사태로 인해 오프라인 예배의 중요성과 역동성이 더 갈급해진 면도 많다. 그러나 온라인 설교의 비중이 늘어나고 있는 지금, 더 이상 목회현장이 교회 건물에 국한될 수만은 없다. 교회에서 먼저 이중직 목회자에 대해 열린 마음이 있어야 다양한 목회의 길이 열린다.

주변에서 이중직 목회자들의 소식이 심심찮게 들린다. 그분들의 간증과 사업의 내용을 보면, 이미 하나님께서 주신 고유한 재능을 살렸다는 걸 알 수 있었다. 처음에는 재정적인 어려움을 해결하려고 시작한 일이었는데, 거룩한 직장이 되고 삶이 되고 살아있는 말씀의 현장이 되었다는 것이다. 목회자와 성도는 같은 삶의 현장에서 같은 예수의 제자로 만나야 한다. 그럴 때 목회자의 말씀 선포가 더 실질적인 힘으로 발휘될 수 있다고 믿는다.

코로나19 전염병의 침입으로 많은 것을 잃었고 많은 것이 멈추었다. 그러나 잃어버린 것들이 언제 회복될지, 멈춘 것들이 언제 다시 움직일 수 있을지는 누구도 알지 못한다. 우리 힘으로 바꿀 수 있는 게 없다. 다만 한 가지 안타까운 게 있다. 전염병과 국가와 신앙이 서로 반목하며 너무 겉돌고 있다는 점이다. 이번 일들을 계기로 교회가 교회다워졌으면 좋겠다. 펜데믹 상황에서 국가의 행정력이 낭비되지 않게 우리 기독교가 가장 적극적으로 협력했으면 한다. 예수님이 그러하셨듯이 교회는 원래 세상으로부터 핍박을 받았다. 교회 문을 닫아야 하고 온라인으로 예배해야 하는 건 불가피한 조치였을 뿐, 교회를 향한 핍박이 아니지 않는가.

이제는 방만하게 외적 성장만 좇지 말고 우리 기독교인 한 사람 한 사람이 교회가 되는, 영혼의 성숙과 성장이 이루어지면 좋겠다. 그 과정에서 누군가는 희생이 되고 누군가는 소위 손해를 보는 것 같은 일들도 일어난다. 그러나 하나님은 태초부터 우리에게 말씀하신 모든 약속을 우리를 통해 이루실 것이다.

그 일을 전담해 맡기로 무릎 꿇은 목회자들이 이제는 삶의 현장으로 뛰어들어 그곳을 사역지로 만들고 교회 되게 한다면, 이것이야말로 말씀의 육화가 실현되는 게 아닐까. 말씀이 예수 그리스도로 오셔서 지금도 우리와 함께하시는 것처럼 말이다.

부록

고난을
통과하는
시간

세상을 이기는 성도의 믿음 …
여호와는 나의 목자 …
하나님의 은혜로 다시 일어서라 …

세상을 이기는 성도의 믿음

(요일 5:4-15)

1

믿음은 성도로 하여금 세상에서 승리하는 삶을 살게 하는 힘이다.

'대저 하나님께로서 난 자마다 세상을 이기느니라 세상을 이긴 이김은 이것이니 우리의 믿음이니라'라고 하였다. 여기서 '하나님께로 난 자'란 예수께서 그리스도임을 믿는 자들이다. 그리고 '세상'이란 사단이 지배하는 세상, 또 하나님의 말씀을 거역하고 자신들의 생각대로 살아가는 악한 세대를 가리킨다. 그러므로 성도들이 그리스도께 대한 믿음만 온전하다면 사단이 지배하는 악한 세상에서 승리하는 삶을 살 수 있다는 말이다.

세상은 만만치 않다. 그러므로 성도들은 자신들의 힘으로는 도무지 사단을 이길 수 없다. 사단은 비록 타락한 존재이지만 하나님과 겨루어서 이길 수 있다고 스스로 생각할 만큼 강력한 능력의 소유자이기 때문이다. 이러한 사단을 우리의 힘만으로 대적한다면 백전백패한다.

그러나 요한은 하나님께로 난 자는 세상을 이긴다고 했다. 곧 그리스도께 대한 믿음만 있으면 세상을 이긴다는 것이다. '세상을 이긴 믿음은 이것이니 우리의 믿음이니라'라고 했다. 그렇다면 믿음이 도대체 무엇이기에 우리가 그것으로 세상을 이긴다는 말인가? 흔히 믿음을 단순히 예수님에 대한 신뢰 정도로 생각하기 쉽다. 그러나 성경이 말하는 믿음은 그것으로만 그치는 것이 아니다.

'믿음'은 예수 그리스도와 성도를 하나로 연합시켜 준다. 우리가 예수 그리스도를 영접하여 구주로 믿는 순간 우리는 그리스도와 하나가 되는 것이다. 우리가 예수님을 믿으면 그리스도의 영이 우리 안에 내주하심으로 나와 예수님이 함께하는 관계가 된다. 여기에 우리가 세상을 이기는 삶을 사는 비밀이 있다.

예수님은 어떤 분이신가? 그분은 만물의 창조주로서 이 세상보다 크시며, 세상을 일시적으로 지배하고 있는 사단보다도 월등히 크신 하나님이시다. 그런 분이 우리 속에 내주하고 계신다. 우리가 아무리 세상 한가운데서 사단에게 포위당해 있다 하더라도 두려워할 필요가 없다. 그분이 우리와 함께하시므로 모든 것을 승리하게 하실 것이다.

내가 세상을 이기었노라'라고 선언하시며(요 16:33)

'세상에서는 너희가 환난을 당하나 담대하라'라고 말씀하신다. 이것은 성도가 예수님을 믿어 그리스도와 연합하기만 하면 세상을 이기는 삶을 살 수 있음을 말해준다. 우리는 세상에서 환난을 당할 수밖에 없다. 그리고 많은 유혹에 직면할 수밖에 없다. 때로는 실패하고 위기를 맞을 수도 있다. 그러나 믿음만 있다면 그리스도께서 주시는 능력으로 모든 환난과 유혹을 극복하고 승리하는 삶을 살 수 있다. 그래서 예수께서는 믿음이 있는 자에게는 능치 못할 일이 없다고 하셨다.

> **예수께서 이르시되 할 수 있거든이 무슨 말이냐 믿는 자에게는 능치 못할 일이 없느니라 하시니**(막 9:23)

많은 고난과 시련을 당했던 사도 바울은 그 모든 것을 믿음으로 극복했다고 고백했다.

> **내게 능력 주시는 자 안에서 내가 모든 것을 할 수 있느니라**(빌 4:13)

이 믿음이야말로 그리스도의 승리의 원천이다.

2

성령의 증거를 통해서만 진리를 진리로 믿을 수 있다.

'증거하는 이는 성령이시니 성령은 진리니라'라고 했다. 성령의 증거를 통해서만 예수의 성육신과 같은 진리를 믿을 수 있다는 말이다. 연약한 모습으로 이 땅에 오신 예수가 하나님의 아들이시라는 것과 또한 그분의 희생을 통해 우리가 죽음에서 생명으로 옮기게 되었다는 사실을 받아들이는 것은 인간의 이성으로 불가능한 일이다. 그래서 아무도 자신이 왜 예수를 믿고 있는지 이유를 분명하게 설명할 수 없다. 다만 예수를 나의 구주로 믿게 하는 것이 성령의 사역이라는 것을 성경을 통해 알고 있을 뿐이다.

우리는 성령에 대한 정체성을 요한복음에 등장하는 예수님과 니고데모의 대화에서 부분적으로 발견할 수 있다. 사람이 어떻게 거듭나서 하나님 나라에 들어갈 수 있는가에 대한 니고데모의 질문에, 예수님은 성령을 바람으로 비유하시면서 답해주셨다. 바람이 어디서 와서 어디로 가는지 객관적으로 규명할 수는 없지만 나뭇가지가 흔들리고 피부로 느끼게 될 때 바람이 있다는 것을 인정할 수 있는 것처럼, 성령 역시 사람의 마음을 변화시키는 영향력을 보고 그의 존재를 인정할 수밖에 없다는 것이다.

실로 성령은 사람들의 마음을 움직여서 세상에 묶여 있던 시선을 하나님께로 향하게 하고, 믿음의 눈으로 그리스도를 바라보며 마음으로 영접할 수 있도록 역사하신다. 사람의 변화는 정신적인 수양이 아니라, 성령 하나님의 힘이 인간에게 임할 때 가능하다.

우리가 예수님을 영접하는 일은 결코 우연히 되는 일이 아니다. 누구나 자기가 원한다고 해서 예수를 구주로 영접할 수 있는 것도 아니고, 성경이 가르치는 진리를 진리로 인정할 수 있는 것도 아니다. 알고 보면 성경처럼 명백하게 진리의 주체를 기록한 것도 없는데, 아무리 공부를 많이 하고 똑똑한 사람도 그 진리를 배척하기 일쑤이다. 예수께서 하나님의 아들이시며 그가 인간을 구원하기 위해 육신을 입고 이 땅에 오신 사실을 진리로 믿을 수 있는 것은 작은 일이 아니다. 그것은 실로 놀라운 사건이다.

예수께서 하나님의 아들이시라는 것, 그가 육신을 입고 오셨다는 사실, 혹은 그가 우리를 대신해 죽으셨다는 사실, 또 그를 믿기만 하면 구원을 얻는다는 사실은 영적 진리요 하나님의 비밀이다. 따라서 인간의 경험이나 지식으로는 도무지 알 수 없다. 오로지 하나님의 영이신 성령의 증거를 통해서만 알 수 있고 인정할 수 있다. 그러므로 우리가 성경의 진리들이 진리로 믿어지고 예수 그리스도가 성육신하신 하나님의 아들로 믿어지는 것은 성령이 우리 안에 역사하고 있다는 명백한 증거이다. 우리는 성령의 강력한 역사로 말미암아 가장 복된 자의 반열에 서게 된 자들이다.

성경은 당신의 아들에 관한 하나님의 증거이다. '하나님의 증거는 이것이니 그 아들에 관하여 증거하신 것이니라'라고 했다. '하나님의 증거'가 무엇인가? 여러 가지가 있겠지만 무엇보다도 하나님의 말씀인 성경이 하나님의 증거이다. 하나님은 성경으로 당신의 아들에 관해 증거하셨다. 성경에는 수없이 많은 사실이 기록되어 있지만 성경의 핵심은 '예수 그리스도'이다. 하나님은 예수님을 중심으로 예수 그리스도를 알리기 위해 성경을 기록하셨다.

너희가 성경에서 영생을 얻는 줄을 생각하고 성경을 상고하거니와 이 성경이 곧 내게 대하여 증거하는 것이로라(요 5:39)

출애굽기에서는 예수님을 유월절 어린양으로 나타내고 있다. 또 레위기에서는 예수님을 우리를 위한 제물로 나타내고 있다. 그리고 그 외의 모든 성경도 예수의 각 측면을 다양하게 나타내고 있다. 성경 전체는 그의 아들에 관한 하나님의 증거이다. 그리고 이러한 증거들은 모두 예수 그리스도에 의해 성취되었다.

3

예수 그리스도만이 영원한 생명의 근원이시다.

'또 증거는 이것이니 하나님이 우리에게 영생을 주신 것과 이 생명이 그의 아들 안에 있는 그것이니라'라고 하셨다. 하나님께서 우리에게 영원한 생명을 주셨는데, 이 생명은 그의 아들이신 예수 그리스도 안에 있다는 말씀이다.

> **그가 우리에게 약속하신 약속이 이것이니 곧 영원한 생명이니라**
> (요일 2:25)

하나님은 죽을 수밖에 없는 운명에 빠진 인간들에게 구원을 허락하셨다. 특별히 그분은 당신의 아들을 주시는 방법을 사용하셨다.

> **욕심이 잉태한즉 죄를 낳고 죄가 장성한즉 사망을 낳느니라**(약 1:15)

이 말씀처럼 하나님 없는 인간은 자기의 욕심에 빠져 죄를 지을 수밖에 없고 결국에는 그 죄로 인해 죽을 수밖에 없다. 이러한 현상은 과거나 지금이나 사람들이 살아가는 공간에서는 언제나 경험한다. 스스로가 하나님처럼 살아가려고 하는 인간들이 자신과 타인을 죽음의 자리로 이끌어 가는 것이다. 과연 인간들에게는 어떤 희망이 있을까? 어떻게 해야 인간은 하나님이 주신 영원한 생명을 소유할 수 있을까?

우리는 이 해답을 다음의 말씀(롬6:23)에서 발견할 수 있다. '죄의 삯은 사망이요 하나님의 은사는 그리스도 예수 우리 주 안에 있는 영생이니라'라고 하셨다. 인간이 자신의 욕망을 채우기 위해서 땀 흘리며 수고하는 모든 노력의 대가는 결국 죽음이다. 하나님이 은혜의 선물로 우리에게 허락하신 것은 예수 그리스도 안에서 누리게 되는 영원한 생명이다. 영원한 생명은 인간의 노력으로 얻어지는 것이 아니라 하나님의 선물로 인간들에게 주어진 것이다. 하나님께서는 예수님의 길 위에 구원의 길을 열어 놓으셨다. 그러므로 예수님의 길을 따라가는 사람은 영원히 죽지 않는다.

4
성도는 이 땅에서 영생을 미리 맛보는 특권을 가진 자이다.

'아들이 있는 자에게는 생명이 있고 하나님의 아들이 없는 자에게는 생명이 없느니라'(요일5:12)라고 하셨다. 사도 요한은 영원한 생명의 가능성이 오직 예수님 안에 있다는 사실을 강조하고 있다. 즉 하나님의 아들을 소유하고 있는 사람만이 하나님이 주신 영원한 생명을 누릴 수 있다는 것이다.

내가 길이요 진리요 생명이니 나로 말미암지 않고는 아버지께로 올 자가 없느니라(요 14:6)

영원한 생명은 오직 그리스도 안에 있다. 그래서 그리스도인이란 예수님을 소유하고 살아가는 사람들을 의미한다. 예수께서는 이를 위해 우리에게 포도나무와 가지의 비유로 말씀하셨다.

나는 포도나무요 너희는 가지니 저가 내 안에 내가 저 안에 있으면 이 사람은 과실을 많이 맺나니 나를 떠나서는 너희가 아무것도 할 수 없음이라(요 15:5)

예수님은 자신을 생명을 전달하는 포도나무로 비유하셨다. 가지가 생명을 얻고 열매를 맺을 수 있는 유일한 가능성은 나무에 붙어 있는 것이다. 마찬가지로 그리스도인들의 생명의 원천은 바로 그리스도 자신이다. 가지가 나무에서 떨어지면 말라서 생명을 잃는 것처럼 그리스도인들도 그리스도를 떠나서는 생명을 잃고 만다. 그러나 그리스도를 떠나서 살아가는 경우가 얼마나 많은가. 그리스도인이라는 경건의 모양은 있지만 경건의 능력은 없기 때문이다.

우리는 예수 그리스도를 통해 이미 영원한 생명을 소유한 사람들이다. 소유했을 뿐만 아니라 예수님의 재림 후에 있을 영생의 세계를 이 땅에서도 누리고 있다. 하나님이 우리에게 주신 영원한 생명은 우리의 호흡이 끝나고 죽은 다음에 시작되는 것이 아니라, 이미 시작되었다는 것이다. 그러므로 이미 시작된 영원한 생명의 기쁨을 자신도 누리고 이웃들에게도 나누어주는 성도들이 되어야 한다.

5 ··

하나님의 뜻대로 구하고 그 뜻대로 살아야 응답을 받는다.

'그를 향하여 우리의 가진 바 담대한 것이 이것이니 그의 뜻대로 무엇을 구하면 들으심이라'라고 하셨다. 이는 하나님께 기도하는 성도들에게 용기와 확신을 주시는 말씀이다.

그러나 하나님이 들으시고 응답하시는 기도에는 조건이 있다. 자신이 원하는 것을 무조건 구한다고 해서 하나님이 들으시는 것이 아니다. 하나님께서는 '그의 뜻대로' 구하는 기도만 들으신다고 하셨다. 우리는 하나님이 기뻐하시고 즐겨 들으시는 기도의 방법을 예수님의 기도에서 배울 수 있다. 그 기도는 하나님의 뜻을 발견하고 그 뜻을 실천하기 위한 것이었다. 자기의 욕망을 채우기 위한 기도가 아니라 그 욕망을 포기하기 위한 기도였고, 자신의 영광을 위한 기도가 아니라 하나님의 영광을 드러내기 위한 기도였다.

너희가 내 이름으로 무엇을 구하든지 내가 시행하리니 이는 아버

지로 하여금 아들을 인하여 영광을 얻으시게 하려 함이라(요 14:13)

우리는 예수님이 십자가를 지시기 직전에 겟세마네 동산에서 드렸던 기도를 잘 알고 있다.

내 아버지여 만일 할 만하시거든 이 잔을 내게서 지나가게 하옵소서 그러나 나의 원대로 마옵시고 아버지의 원대로 하옵소서 (마 26:39)

하나님의 뜻을 따라 구하는 것이 성도들이 가져야 할 기도의 기본자세이다. 그 다음으로 그 뜻대로 살아야 응답받는다. 기도는 성도와 하나님이 동역하는 것이다. 기도만 하고 자신은 아무런 노력을 하지 않는다면 그 기도는 하나님이 기뻐하시는 기도가 아니다. 하나님께 기도하는 말과 삶 속에서 이루어지는 행동이 다르다면 그 기도는 하늘로 올라가지 않고 땅에 떨어져 버린다. 그러므로 성도들에게는 하나님의 뜻과 도우심을 구하면서도 함께 땀 흘리는 수고가 있어야 한다.

여호와는 나의 목자

(시 23: 1-6)

전지전능한 하나님은 인간과 필연적으로 관계를 맺고 계시기에 그분과 어떤 관계를 맺느냐가 중요하다. 우리는 하나님을 안다고 하면서도 그의 말씀을 잘 따르지 않으려고 하지만, 우리 인생은 근본적으로 하나님의 피조물이며 그분의 절대적 축복 속에 존재한다. 따라서 한 치 앞도 모르는 유약한 양들 같은 우리는 그분께 절대 의존하며 순종하는 관계를 맺어야 한다. 다윗은 자신이 여호와 하나님의 말씀을 잘 따르고 순종할 때에 모든 것에서 풍족한 삶을 살게 되었음을 목자와 양의 관계에 비유해 고백하고 있다. 다윗이 말한 부족함이 없는 상태는 어떤 것일까?

다윗은 자기 삶에 평온함만이 지속될 거라 말하지 않는다. '사망의 음침한 골짜기', '해를 두려워하지 않은 것', '내 원수의 목전'이란 표현들을 보면 알 수 있다. 어떤 상황에 있든지 하나님께서는 선한 목자와 같이 그의 영혼과 삶을 지키시고 '의의 길'로 인도하셔서 '목자'이신 '여호와의 집'에 영원히 거하게 하셨다고 고백했다. 목자의 인도를 따라가는 길에서 양들은 푸른 초장과 쉴 만한 물가를 만난다. 간혹 사망의 음침한 골짜기를 지나기도 하지만 목자는 강한 손으로 양을 넉넉히 건지고 보호할 뿐 아니라 궁극적으로는 풍성한 상을 베풀며 영원한 축복을 체험하게 하신다. 이처럼 양의 풍족함이 목자에게서 나오는 것처럼 인간은 목자이신 하나님을 떠나서는 결코 만족한 삶을 누릴 수 없다.

> **내가 온 것은 양으로 생명을 얻게 하고 더 풍성히 얻게 하려는 것이라**(요 10:10)
> **나를 떠나서는 너희가 아무것도 할 수 없음이라'라는 말씀을 통해 확인시켜 주고 있다**(요 15:5)

인간이 가진 권세나 명예, 부요함에서는 진정한 만족을 찾을 수 없다. 인간에게 일시적인 기쁨과 풍요를 누리게 할 수 있을지 모르나 결국에는 사라지고 말 덧없는 것들에 지나지 않는다. 이를 알고 있던 다윗은 자신이 지은 또 다른 시에서 다음과 같이 고백하고 있다.

> **너희 성도들아 여호와를 경외하라 저를 경외하는 자에게는 부족함이 없도다 젊은 사자는 궁핍하여 주릴지라도 여호와를 찾는 자는 모든 좋은 것에 부족함이 없으리로다**(시 34:9, 10)

혈기 왕성한 젊은 사자가 궁핍해지는 것은 상상하기 어려운 일이다. 그러나 그러한 맹수들이 설혹 주리는 일이 있을지라도 하나님을 경외하는 자들은 하나님의 공급하심과 충만케 하심, 또 보호하심으로 영원히 만족하는 삶을 누리게 된다는 말이다.

'푸른 초장'은 목자이신 하나님께서 양인 다윗을 어떻게 다루고 있는지 보여주시는 장소이다. 푸른 초장은 단순히 풍성한 녹지대만을 말하지 않는다. 광야의 햇빛을 피해 쉴 수 있는 그늘진 곳도 포함하는 이상적인 목초지이다. 이러한 목초지는 '풍요와 안식'을 상징한다. 목자가 양을 푸른 초장에 인도할 때 그 양들은 원하는 대로 풀을 뜯고 평안히 쉰다. 이처럼 여호와께서는 피곤한 인생에게 쉴 수 있는 참된 안식처를 제공하신다. 하나님의 백성들은 참된 안식처로 인도하시는 주님이 계심을 분명히 알아야 한다. 영원한 안식처를 예비하신 주님은 사람들을 구원으로 초청하시고 쉴만한 물가로 인도하신다.

> 수고하고 무거운 짐 진 자들아 다 내게로 오라 내가 너희를 쉬게 하리라 (마 11:28)

하나님이 나를 누이시는 곳이 바로 푸른 초장이고, 하나님이 나를 인도하시는 곳이 바로 쉴 만한 물가이다. 목자는 아무 곳에나 양들을 두지 않는다. 하나님의 백성들이 이 험악한 세상에서 안전하게 쉼을 누릴 수 있는 것은, 목자이신 여호와께서 불꽃 같은 눈동자로 그의 백성들을 지키고 계시기 때문이다.

너를 지키시는 자는 졸지도 아니하고 주무시지도 아니하시리로다

(시 121:4)

하나님은 전 존재를 회복하고 소생시키신다. '소생시키시고' 라는 말은 '돌이키다, 회복시키다, 새롭게 하다'라는 의미이다. 인간이 죄에서 돌이켜 하나님께로 돌아간다는 의미이다. 연약하기 그지없는 다윗이 헤어나기 어려운 곤경에 처했을 때 하나님께서 다윗을 돌이키심으로써 극심한 고난 가운데 있는 그 생명이 목숨을 부지하게 되었다. 다윗은 사망의 음침한 골짜기로도 다녔다. '사망의 음침함'은 '죽음의 그림자, 죽음의 그늘'이란 뜻이다. 다윗이 극심한 고통 속에서 거의 죽게 될 지경에 처했던 지난날을 염두에 둔 표현이다.

> **나는 물 같이 쏟아졌으며 내 모든 뼈는 어그러졌으며 내 마음은 밀랍 같아서 내 속에서 녹았으며 내 힘이 말라 질그릇 조각 같고 내 혀가 입천장에 붙었나이다 주께서 또 나를 죽음의 진토 속에 두셨나이다**(시 22:14, 15)

다윗은 지난날 사망의 음침한 골짜기와 같은 고통의 길을 걸어갈 때 하나님께서 구원해 주신 체험이 있기에, 이제 그리고 앞으로 그러한 길을 갈지라도 아무런 문제가 되지 않는다고 고백한다. 다윗의 신앙 고백은 오늘을 살아가는 성도들에게도 중요한 교훈을 준다. 위기 상황 속에서도 다윗이 하나님을 향해 가지는 친밀함과 인격적 관계가 잘 드러난다.

> 내 하나님이여 내 하나님이여 어찌 나를 버리셨나이까 어찌 나를
> 멀리하여 돕지 아니하시오며 내 신음소리를 듣지 아니하시나이까
> (시 22:1)

환난 속에서 다윗은 하나님께서 자기를 돕지 아니하시며 멀리 떨어져 계신다고 느낀 적도 있었다. 그런데 이제 다윗은 그러한 생각들을 말끔히 떨쳐버리고 하나님께서 자신이 환난을 겪을 때 더욱 가까이에서 돌보시며 함께하신다는 사실을 알게 된 것이다. 임마누엘의 신앙은 하나님의 백성들에게 있어 환난과 곤고함 가운데서도 용기를 잃지 않고 하나님을 소리 높여 찬양할 수 있게 하는 원동력이 된다.

> 너희는 강하고 담대하라 두려워하지 말라 그들 앞에서 떨지 말
> 라 이는 네 하나님 여호와 그가 너와 함께 가시며 결코 너를 떠나
> 지 아니하시며 버리지 아니하실 것임이라 하고 모세가 여호수아
> 를 불러온 이스라엘의 목전에서 그에게 이르되 너는 강하고 담대
> 하라 너는 이 백성을 거느리고 여호와께서 그들의 조상에게 주
> 리라고 맹세하신 땅에 들어가서 그들에게 그 땅을 차지하게 하라
> (신 31:6-8)

다윗은 자기 앞에 있는 대적들로 인해 결코 패배하거나 멸망하지 않고 목자이신 하나님의 도우심으로 반드시 승리할 것을

확신했다. 그런 다윗은 하나님에 의해 매우 존귀한 자로 대접받았다. 하나님이 자신의 머리에 기름을 바르셨다고 노래하고 있다. '기름을 붓다'는 '만족케 하다'라는 뜻이다. '내 잔'은 다윗이 누리는 축복을 나타낸다. 다윗이 단순히 원수들의 위협에서 벗어나는 정도가 아니라 엄청난 축복 가운데 있었다는 말이다.

사실 다윗은 이스라엘 역사상 가장 큰 번영을 구가했던 왕이었다. 자신을 괴롭게 했던 사울이 지니고 있던 이스라엘의 왕위를 하나님으로부터 넘겨받았고, 당시까지 계속 이스라엘을 괴롭히던 블레셋, 암몬, 모압 등을 완전히 제압했다. 또 이스라엘 주변의 열국으로부터 조공을 받으며 그 자신의 명성이 온 땅에 미칠 만큼 커다란 축복을 받았다. 다윗은 그동안 자신에게 주어진 것들과 자신이 누린 것들 모두가 하나님이 베푸신 축복임을 알고 하나님으로 인해 자신의 잔이 넘치고 있다고 말하고 있다. 이처럼 원수들의 목전에서 상을 받으며 잔이 넘치게 되는 풍성한 축복은 다윗뿐만 아니라 하나님을 목자로 삼고 그의 인도에 따라 살아가는 모든 하나님의 백성들이 누릴 축복이기도 하다.

다윗은 최종적으로 도달해 '여호와의 집'에 거하겠다고 다짐했다. 이처럼 여호와의 구원하심과 인도하심, 그리고 원수들 앞에서 상을 받으며 잔이 넘치는 축복을 경험한 성도들이 마지막으로 도달할 곳은 '여호와의 집' 천국이다.

하나님의 은혜로 다시 일어서라

(욥 9:32-34)

하나님의 은혜는 매일 매 순간 우리의 삶에 임하고 있다. 지금 우리 자신의 모습, 우리가 가진 것 모두가 하나님의 은혜이다. 우리는 하나님의 무조건적 사랑을 오직 하나님의 은혜로 받았다. 하나님은 지금도 우리를 은혜의 눈으로 보신다. 우리가 하나님의 은혜를 받기 위해 할 수 있는 일은 하나도 없다. 하나님의 은혜는 우리를 사랑하시기에 거저 주실 뿐이다. 하나님의 은혜는 우리의 모든 필요를 채우기에 언제나 충분하다. 우리는 하나님의 은혜가 없으면 아무 쓸모도 없고 의미도 없기 때문이다.

인간의 본성은 '하나님이 좋고 완벽한 것이라면 하나도 빼놓지 않고 내게 주셨으면 좋겠어.'라고 말한다. 하나님은 우리에게 그분의 힘과 능력으로만 가능한 일을 하도록 인도하셨다. 그런 우리에게 하나님의 은혜를 받지 못하게 가로막는 가장 큰 장애물은 하나님의 능력을 방해하는 것이다.

우리는 자신의 상황과 죄를 스스로 해결하려고 애쓴다. 해결책을 찾으려 발버둥 치고 하나님께 도와 달라고 기도한다. 그러다가 하나님이 도와주시지 않으면 우리의 믿음이 부족하거나 하나님이 신실하지 않다고 결론짓는다. 우리는 하나님의 능력을 의지하기보다 우리 스스로 뭔가 해야 한다고 결정한다. 하나님의 말씀을 보고 깨닫지만 자신의 상황을 바꾸는 것은 자기 몫이라고 믿는다.

그러나 변화를 일으키는 건 하나님의 은혜이기에 우리는 주님께 순복하고 기다리는 법을 배워야 한다. 우리에게 필요한 모든 것의 근원은 하나님이시다. 힘이든 소망이든 그 무엇이든 간에 하나님은 우리에게 필요를 채워주시는 분이다. 오직 하나님만이 우리의 처한 환경과 상황을 바꾸실 수 있기에 하나님과 친밀한 관계를 맺어야 한다. 하나님은 우리에게 처한 상황을 그분에 의지하고 맡기기를 원하신다. 하나님은 우리가 교만을 내려놓고 오직 그분만이 하실 수 있음을 깨달으며 그분께서 주시는 것을 받기 원하신다. 우리에게 삶의 골짜기가 필요한 까닭이다.

> 그들이 차례대로 잔치를 끝내면 욥이 그들을 불러다가 성결하게 하되 아침에 일어나서 그들의 명수대로 번제를 드렸으니 이는 욥이 말하기를 혹시 내 아들들이 죄를 범하여 마음으로 하나님을 욕되게 하였을까 함이라 욥의 행위가 항상 이러하였더라(욥 1:5)

욥의 삶에서 이 부분이 왜 그렇게 중요할까? 욥이 하나님께 놀랍도록 신실했음을 보여주기 위해서일까? 아니면 욥의 자녀들의 행동이 그다지 경건치 못했음을 보여주기 위해서일까? 욥의 삶을 자세히 흝어보면, 욥이 자신의 행위로 자신과 자녀들의 의를 외치고 있다는 것을 알 수 있다. 욥은 자녀들이 하나님께 영광을 돌리지 못하는 행동을 했다면 자신이 제사를 드려 그들의 잘못을 바로잡을 수 있다고 믿고 있다. 어찌 보면 욥은 자신의 의를 내세우고 있다.

욥은 온전하고 정직하여 하나님을 경외하는 사람이었다. 그렇지만 하나님은 욥을 자신이 뜻하신 걸작으로 완성하기 위해 욥의 내면에서 일하셔야 했다. '자기의 의'는 우리를 하나님에게서 분리해 하나님의 은혜를 온전히 받지 못하게 한다. 우리가 하나님의 음성을 듣고 하나님과 동행하는 삶을 살려면 자기의 의를 내려놓아야 한다. 하나님은 당신이 사랑하는 사람들을 위해 어떻게 해서라도 '자기의 의'를 제거하셔서 하나님의 걸작으로 만들어놓으시길 원하신다.

하나님이 우리를 걸작으로 만드시기 위해 고난과 공허함 속에 빠지게 하실 때는 가만히 앉아 하나님의 때를 기다려야 한다. 믿음이 떨어지는 것 같은 상황에서도 살아계신 하나님께 모든 것을 맡겨야 한다. 그런데 많은 사람이 하나님이 나타나시기 직전에 돌아서서 그분을 떠나버린다.

너희에게 인내가 필요함은 너희가 하나님의 뜻을 행한 후에 약속

하신 것을 받기 위함이라(히 10:36)

우리의 삶에서 승리에 이르는 길을 걷기는 쉽지 않다. 믿음의 발걸음을 내딛기보다 좌절과 의심에 빠지기 쉽다. 그러나 하나님의 약속하신 상을 받으려면 인내해야 한다. 인내하려면 하나님의 음성을 듣지 못하도록 막는 주의를 부정적인 것들을 차단해야 한다.

욥의 경우 그의 친구들이 욥이 어떤 면에서 하나님께 죄를 지었다고 욥을 설득하려 했다. 그러나 욥은 자신이 하나님께 죄를 짓지 않았음을 알았다. 욥은 진실을 알았고, 친구들의 거짓 비난에 눈길을 주지 않았다. 자신의 하나님만 바라보았다. 하나님은 우리에게 무슨 일을 만나든지 견뎌낼 힘과 인내를 주신다.

우리는 이미 성경을 통해 하나님이 욥의 배후에서 다스리고 계셨다는 것을 안다. 욥의 삶에서 일하셨던 하나님은 지금 우리의 삶에서도 일하고 계신다. 하나님이 보이지 않거나 그분이 하시는 일이 이해되지 않는다고 해서 하나님이 일하지 않으신다는 것은 아니다. 하나님은 우리 모두에게서 하셔야 하는 일이 있다. 그 일은 절대 끝나지 않는다.

하나님은 욥에게서 '자기의 의'를 제거하고 그를 결박에서 풀어주길 원하셨다. 하나님은 욥이 그분의 은혜를 깨닫길 원하셨다. 욥의 삶뿐만 아니라 우리 자신의 삶에서도 하나님의 선하심을 깨닫는다면 우리에게 복이 임할 것이다. 하나님이 우리의 삶을 걸작으로 빚으셨기 때문이다. 하나님이 우리의 삶에 관여하시는 말씀을 믿으면서 하나님께 집중할 때 하나님의 은혜가 얼마나 크고 놀라운지 알 수 있다.

내 힘으로 '애쓰기'에서 하나님을 '신뢰하기'로 바꿀 때, 삶의 겉보기가 전부가 아님을 깨닫게 된다. 왜 이런저런 일이 우리 삶에서 일어나는지 묻기 시작할 때 모든 삶의 현장에서 하나님이 우리와 늘 함께하셨음을 느낄 것이다. 하나님은 때로 우리를 사망의 음침한 골짜기로 지나게 하셔서, 그곳에서 우리에게 구원자가 필요하다는 것을 깨닫게 하셨다.

"주여, 저는 할 수 없습니다. 제 삶이 당신의 요구를 충족시키지 못한다는 것을 압니다."

하나님의 말씀을 더 깊이 파고들수록 하나님의 말씀은 거울이 되어 우리의 모습을 분명하게 비춰주시는데, 하나님이 우리에게 바라시는 모습과는 한참 거리가 멀다. 우리는 불가능한 일을 하려고 발버둥 치고 이르지 못할 목표에 이르려 애쓴다. 이런 악순환에서 벗어나는 길은 오직 하나님의 은혜를 분명하게 깨닫는 것이다. 우리는 '애쓰는' 것이 아니라 '신뢰'해야 한다. 하나님이 은혜로 우리에게 주시려는 것을 우리 자신의 노력으로 얻으려 애쓰지 말아야 한다.

그러기 위해서는 겸손히 내려놓아야 한다. 욥은 삶에서 아주 강력하고 믿기 어려운 순간에 이른다. 자신이 무력하다는 것을 깨달았기에 구원자를 찾아 부르짖었다.

> 하나님은 나처럼 사람이 아니신 즉 내가 그에게 대답할 수 없으며 함께 들어가 재판을 할 수도 없고 우리 사이에 손을 얹을 판결자도 없구나 주께서 그의 막대기를 내게서 떠나게 하시고 그의 위엄이 나를 두렵게 하지 아니하시기를 원하노라 그리하시면 내가 두려움 없이 말하리라 나는 본래 그렇게 할 수 있는지가 아니니라(욥 9:32-35)

하나님은 우리가 잿더미에 앉아 자신의 끝에 이르렀다고 여길 때를 기다리고 계신다. 하나님은 우리가 구원자를 찾아 부르짖기를 기다리신다.

> 그러나 여호와께서 기다리시나니 이는 너희에게 은혜를 베풀려 하심이요 일어나시리니 이는 너희를 긍휼히 여기려 하심이라 대저 여호와는 정의의 하나님이심이라 그를 기다리는 자마다 복이 있도다(사 30:18)

하나님은 우리가 삶에서 겪는 모든 일을 십자가 앞에 가져올 때까지 기다리신다. 우리가 그 절망의 자리에서 나오기 원하신다. 우리가 스스로 어찌하지 못하는 상황이나 환경에 처했을 때 하나님을 찾아가 그분의 은혜를 구하리라는 것을 아시기 때문이다. 그때야 비로소 우리는 혼자서 해결하지 못한다는 것을 깨닫는다. 흙으로 지음을 받은 우리이기에 하나님 없이는 아무것도 아니라는 것을 깨닫는다. 구원자가 없으면 우리는 무력하고 무가치하다. 예수님이 없으면 우리는 아무것도 아니다.

우리는 자신의 행위가 아니라 은혜로 살아야 한다. 세상의 모든 것을 다 믿어도 하나님이 주시는 것, 곧 하나님의 은혜를 받지 않으면 자신의 삶에서 계속 어려움에 앉아 있게 된다. 고난과 슬픔에 빠져 있는 한 아무 희망 없이 그 자리에 앉아 있을 것이다. 여전히 우리가 그것을 찾아낼 수 있다는 교만함이 존재하고 있는 한 우리는 잿더미에 남겨져 있을 것이다. 우리가 순금으로 나올 준비가 될 때까지 하나님은 우리를 불 속에 두신다. 하나님께 구하면 하나님은 우리를 잿더미에서 건져내 주신다.

> **하나님은 교만한 자를 대적하시되 겸손한 자들에게는 은혜를 주시느니라 그러므로 하나님의 능하신 손아래에서 겸손하라 때가 되면 너희를 높이시리라**(벧전 5:5-6)

따라서 우리는 자신을, 자신의 상황을, 자신의 삶을 전능하신 하나님께 겸손하게 내어놓아야 한다. 하나님이 우리에게 주신 구원자를 찾아야 한다. 그때에야 하나님은 우리를 슬픔과 절망에서 건지시고 때가 되면 우리를 높여주실 것이다.

믿음으로 자신의 전부를 하나님께 완전히 내어 드림으로써 모든 짐을 벗어버리고 하나님이 주시는 힘과 능력을 신뢰해야 한다. 우리를 골짜기에서 건져내실 하나님의 지혜와 선하심을 믿어야 한다. 십자가 밑에 나아가면 우리의 구원자를 발견하고 우리의 모든 필요를 채우고도 남는 하나님의 은혜가 충만히 임한다.

도넛 굽는 목사

초판발행일 | 2020년 11월 25일

지 은 이 | 손경희
펴 낸 이 | 배수현
디 자 인 | 박수정
제 작 | 송재호
홍 보 | 배보배

펴 낸 곳 | 가나북스 www.gnbooks.co.kr
출 판 등 록 | 제393-2009-000012호
전 화 | 031) 408-8811(代)
팩 스 | 031) 501-8811

ISBN 979-11-6446-028-1(03230)

※ 가격은 뒤표지에 있습니다.
※ 잘못된 책은 구입하신 곳에서 교환해 드립니다.